Evelyn Froitzheim

Gut Streiten ist besser als schlecht Kochen

Das Buch

Kochen und Streiten haben mehr gemeinsam als es auf den ersten Blick scheinen mag. Dies erleben Thomas und Anna immer wieder auf die vielfältigste Art und Weise. Max, der kleine Sohn der Beiden, sowie die Mutter von Thomas, eine engagierte Oma und Konflikttrainerin, geraten immer wieder in konfliktreiche Situationen, die sie allerdings mit Humor und Streitregeln meisterhaft bewältigen.

Da Liebe auch durch den Magen geht, spielt natürlich auch das Essen eine große Rolle. Was wieder einmal beweist, dass sowohl die Streitkultuur als auch die Esskultur nicht weit auseinander liegen und gepflegt werden wollen.

Es liegt deshalb nahe die Erzählungen mit Streit- und Kochrezepten zu ergänzen.

Die Autorin

Evelyn Froitzheim wurde in Stuttgart geboren. Seit einigen Jahren lebt und arbeitet sie in Berlin.

Sie studierte Rechtswissenschaften in Tübingen und arbeitete viele Jahre als Rechtsanwältin bevor sie ihren beruflichen Schwerpunkt auf Coaching- und Konfliktmanagement verlegte.
Sie berät Firmen u.a. im Bereich Mitarbeitermotivation und führt bundesweit Schulungen und Seminare im Bereich Konflikt- und Kommunikationsfähigkeit durch.

www.streitgut.de

Evelyn Froitzheim

Gut Streiten ist Besser als schlecht Kochen

Rezeptbuch fürs Kochen und Streiten

Copyright: ©2014EvelynFroitzheim
Hersteller und Verlag: BoD-Books on Demand, Norderstedt
Umschlagzeichnung: ©Mareike Froitzheim

ISBN 9783735791474

Die Rezepte des Buches stammen aus meiner ganz persönlichen Kochbuchsammlung. Ich hoffe, die Gerichte schmecken Ihnen genauso gut wie meiner Familie und meinen Freunden.

Ihre Evelyn Froitzheim

Vorwort..9

I. Kapitel: „Immer Du, jetzt gib mal Ruh'!"

1. Erzählung...16
2. Streitrezepte..21
3. Kochrezepte..24
   - Kartoffelsuppe..25
   - Tafelspitz...26
   - Schweinefilet im Blätterteig..............................27
   - Schweinebraten..29
   - Semmelknödel..31
   - Kaiserschmarren...33
   - Karottentorte..34

II. Kapitel: Der kleine Zwiebelkönig

4. Erzählung...38
5. Streitrezept..44
6. Kochrezepte..48
   - Käs'spätzle..49
   - Zwiebelrostbraten...51
   - Zwiebelkuchen..52
   - Maultaschen mit Zwiebelschmelze....................54
   - Zwiebelsuppe...56
   - Käse-Wurst-Salat..57

III. Kapitel: Gärtner's Freud – Gärtner's Leid

7. Erzählung...60
8. Streitrezepte..68
9. Kochrezepte..72
   - Gemüse-Wok..73
   - Börek...75
   - Vegetarisches Fladenbrot..................................77

Ruccola-Pesto...78
Cookies..80
Zucchinikuchen...81

IV. Kapitel: Was sich liebt, das neckt sich

10. Erzählung...86
11. Streitrezepte..91
12. Kochrezepte..94
    Hähnchen mit Spinatkruste.......................................95
    Kürbis-Kokos-Suppe...97
    Salbeinudeln..99
    Käsegebäck..100
    Borschtsch..102
    Apfelkuchen mit Walnüssen.....................................104

V. Kapitel: Eine Reise, die ist lustig.....

13. Erzählung..106
14. Streitrezepte...116
15. Kochrezepte..121
    Ratatouille..122
    Quiche Lorraine...124
    Kartoffelchips mit Guacamole................................126
    Tapenade..128
    Schwarzwälder Kirsch Torte....................................129
    Ofenschlupfer..131

Zum guten Schluß...133
Danke..134
Alphabet.Rezeptverzeichnis......................................135

Vorwort

Was sollen Kochkultur und Streitkultur gemeinsam haben? Das eine hat doch nun wirklich nichts mit dem anderen zu tun!

Oder doch?

Ist Ihnen schon einmal aufgefallen in wie vielen Sprichwörtern Essen und Streiten vereint sind?

Hier nur einige Beispiele:

„Einem Anderen in die Suppe spucken"

„Jemand kocht vor Wut"

„Beleidigte Leberwurst"

„Viele Köche verderben den Brei"

„Es fehlt das Salz in der Suppe"

„Dumm wie geschnitten Brot"

„Sich nur die Rosinen aus dem Teig picken"

Die Liste lässt sich noch (fast) unendlich fortsetzen, jedoch bereits diese kleine Auswahl zeigt klar wie eng verbunden unsere Vorstellungen von Streiten und Essen sind.

Woran kann das liegen? Eigentlich sind diese zwei Kulturen doch so unterschiedlich, können also gar nichts miteinander zu tun haben.

Eben doch!

Beide sind wichtig für ein zufriedenes und erfolgreiches Leben. Ohne Genuss fehlt uns ein entscheidender Moment im Leben, denn was gibt es schöneres als einen entspannten Theater- oder Kinoabend zu geniessen und sich dabei schon auf das wunderbare Glas Wein im Anschluß zu freuen.

Genauso verhält es sich auch mit der Streitkultur. Was gibt es nach einem erfolgreichen Streit, der einen von vielen Lasten befreit, wenn er richtig geführt wird, schöneres als die anschließende Versöhnung. Das Klima ist wieder entspannt und man kann sich auf die schönen Dinge des Lebens konzentrieren.

Grundsätzlich sind sowohl Streit- als auch Kochkultur zwei elementare Säulen des täglichen Lebens.

Essen hält Leib und Seele zusammen – Streit, in der Definition von Konflikt- und Kommunikationsfähigkeit, hält die Gemeinschaft, das Miteinander zusammen, beides jedoch nur, wenn die richtigen Rezepte vorliegen.

Diese beiden Formen der Kultur sind wichtig, ja unausweichlich und beide haben dasselbe Schicksal, sie sind in der heutigen Gesellschaft weitgehend verloren gegangen.

So wie Convenience und Fast Food im Bereich des Essens Einzug gehalten und zum Verlust der Kochkunst des Einzelnen geführt haben, so hat der Trend, Streit und Konflikte unter den Teppich zu kehren um eine scheinbar harmonische Atmosphäre zu schaffen, zum Verlust von Konflikt- und Kommunikationsfähigkeit sowohl im Privat- als auch im Berufsleben geführt.

Dabei ist es gar nicht so schwer beiden Kulturen wieder einen Platz im Leben zu geben, sie müssen es nur angehen, die Regeln dieser Künste wiederzuentdecken und dann kommt der Erfolg nach und nach alleine dazu.

Natürlich benötigen Sie sowohl für die Kochkunst als auch für die Streitkunst ein gewisses Regelwerkzeug, gewisse Handgriffe, um zu einem zufriedenstellenden Ergebnis zu kommen. Zusätzlich bedarf es bei der Streit- und bei der Kochkultur einiger Übung, da ja bekanntlich noch kein Meister vom Himmel gefallen ist.

Ab jetzt gibt es keine Ausrede mehr, Sie halten das passende Rezeptbuch bereits in den Händen und haben die Anleitungen zur Umsetzung direkt vor Augen:

    Also fangen Sie doch gleich damit an!

Viel Vergnügen wünscht Ihnen

Evelyn Froitzheim

Für all meine Klienten, die sich auf das Wagnis des fairen Streitens eingelassen und mich auf meinem Weg bestätigt haben!

I. Kapitel

Immer Du, jetzt gib'mal Ruh!

1. Immer Du, jetzt gib mal Ruh!

Eigentlich war ich ja nur zum Babysitten gekommen, aber was sich gerade im Nebenzimmer abspielte, konnte ich nun wirklich nicht überhören, geschweige denn unkommentiert stehen lassen. Schließlich gibt es neben meinem Job als Oma, Mutter, Schwiegermutter und Babysitter auch noch eine weitere berufliche Aufgabe. Ich arbeite als so eine Art Feuerwehr für schwierige Konfliktsituationen, der Retter in der Not.

Also mische ich mich ein, so wie es eben meine Art ist, auch auf die Gefahr hin als böse Schwiegermutter dazustehen. „No risk, no fun!", ich riskiere dem Vorurteil, das gegenüber Schwiegermüttern herrscht, gerecht zu werden. In dieser Position ist der Ruf eh bereits ruiniert und damit lebt es sich bekanntlich gänzlich ungeniert.

„Oh, Kinder, Kinder, das hält man ja nicht mehr aus, wie wollt ihr eigentlich euer Problem lösen, wenn es stets nur darum geht euch gegenseitig zu beschuldigen. Das einzige was ich gehört habe, waren Sätze wie *Immer bist du…, Das ist ja wieder typisch…., Na, das war ja klar, dass das jetzt kommt…..*"

Beide schauen mich verdutzt an, hören aber abrupt mit der Streiterei auf.

Ich nutze diese Pause um mich weiter einzumischen:

„Immer geht es nur um *Du hast, du bist, du kannst…!* Merkt ihr eigentlich, dass so nie etwas aus eurer Streiterei werden kann? Wie ihr wisst, bin ich die Letzte, die einen fairen guten Streit nicht befürwortet. Aber grundsätzlich sollte die ganze Streiterei schon etwas zur Harmonie, um nicht zu sagen zum Frieden, beitragen, aber so ist alles vergebens, die ganze Aufregung umsonst.

Oder ihr entfernt euch im schlimmsten Fall immer mehr voneinander, das wollen wir doch Alle nicht, denn schließlich möchte ich Anna als Schwiegermutter erhalten bleiben."

Es ist so leise, dass ich den angestrengten Atem der beiden laut hören kann. „Aber ich glaube, wenn ich so weiter mache und mich unentwegt in eure Beziehung einmische, legst du eh keinen gesteigerten Wert mehr darauf, mich als Schwiegermutter zu behalten!"

„Aber Schwiegermama, du weisst doch, dass ich dich so schätze, dass du das gar nicht schaffst, ich muss dir ja Recht geben, so kann es nicht weitergehen, es muß sich dringend was ändern und zwar sofort. Wofür haben wir denn einen Fachmann, Tschuldigung, eine Fachfrau für`s Streiten in der Familie!"

Jetzt erst meldet sich mein Sohn Thomas zu Wort:" Ich weiss nicht, Mutsch, ist doch schon vorbei, wir streiten ja gar nicht mehr."

Das ist wieder typisch – Aus den Augen aus dem Sinn. „Und was was ist mit dem nächsten Streit, wollt ihr ewig so weitermachen, so nutzlos streiten?"

„Ja,nein, aber..", stottert Thomas herum.

„Mann, sei mal ruhig und hör doch deiner Mutter kurz zu, vielleicht bringt es ja wirklich was!"

Ach, wie ich diese Schwiegertochter liebe, sie bringt es einfach immer kurz und knapp auf den Punkt. Schade, dass sie während der Pubertät von Thomas noch nicht da war. Meinen Sohn liebe ich mindestens genauso doll und deshalb ist es mir wichtig, dass die Beiden sich wohlfühlen. Also gibt es jetzt mal eine kostenlose Coachingstunde für die Zwei.

„Eigentlich ist es ganz einfach. Die erste Regel heisst schlicht und einfach *Ich statt DU*. Was waren bei eurem Streit gerade die Hauptbotschaften: *Du machst….Du kommst….*, d.h. es waren eigentlich lediglich geballte Ladungen an Vorwürfen an den Anderen. Aber was ändert sich dadurch, versteht der Angegriffene weshalb dicke Luft herrscht? Wohl kaum!"

„Aber wie soll ich sonst sagen, dass ich das Verhalten von Thomas gerade ganz extrem nervig finde?", gibt Anna zu Bedenken.

„Indem du genau dieses Wort *Ich* benutzt anstatt immer nur *Du* zu formulieren, denn damit kannst du eigene Gefühle und Wahrnehmungen viel besser artikulieren. Überlege dir doch mal die genaue Bedeutung des Wortes *Mitstreiter*, denn genau das ist das Gegenüber in dem Moment, wenn ihr streitet.

Im Sprachgebrauch ist ein Mitstreiter eben nicht jemand, der gegen einen arbeitet, sondern gemeinsam mit anderen ein Ziel verfolgt, bei dem gegenseitige Unterstützung gefragt ist. Und genauso sollte es bei euch sein. Euer gemeinsames Projekt ist eure Ehe, eure

Familie und um die geht es hier.

Nehmen wir mal ein ganz einfach mal ein Beispiel:

Du erzählst mir nichts von deiner Arbeit!

Klingt doch nur nach Vorwurf ohne konkrete Aussage, jetzt formuliere ich das ganze mal in eine Ich-Aussage um:

Ich bin den ganzen Tag hier mit dem Kleinen, nicht dass ich das nicht liebe, aber irgendwie habe ich manchmal das Gefühl, dass das wahre Leben an mir vorbei läuft. Deshalb ist es mir so wichtig, dass du mir etwas von deinem Tag erzählst, einfach als mein Bindeglied zu meinem früheren Leben. Ich habe dann das Gefühl, nicht außen vor zu sein.

Was meint ihr, welche Aussage, welche Formulierung wird wohl eher zum Ziel führen?"

„Na, das steht wohl außer Frage", meldet sich Thomas zu Wort. „Wenn Anna mir das gleich erklärt hätte weshalb ihr das so wichtig ist, dann hätte ich es auch verstanden, warum sie das möchte. Bei dem Satz

Nie erzählst du etwas von deiner Arbeit!

wirkt es auf mich wie eine Kontrollinstanz und das kann ich nun wirklich nicht ab!"

„Und ich hätte nicht kapiert, weshalb Thomas mich nicht versteht oder verstehen möchte und hätte mich schlechter, verletzter gefühlt als vorher und im Prinzip hätten wir nur aneinander vorbeigeredet", resümiert Anna.

„Na also, ist doch gar nicht so schwer, das heisst eigentlich doch, denn leider haben wir verlernt in Ich-Sätzen zu sprechen, also einfach üben, üben, üben und jetzt ab, ihr Beiden Streithähne, lasst es euch bei eurem Gala- Versöhnungs-Friedens-Dinner schmecken, das ist ein Befehl!".

„Okay Käpt'n, alles verstanden!", Anna strahlt mich an, „ich verschwinde nur noch kurz im Bad und dann können wir los."

Thomas küsst seine Anna herzhaft und nimmt sie in den Arm: „Mein Schatz, du bist schon jetzt die schönste Frau auf Erden!" Schmunzelnd sieht er zu mir herüber und gibt auch mir einen Schmatz auf die Backe. „ Und du bist die unverbesserlichste Mutter der Welt!", neckt mich Thomas grinsend.

„Und die beste Schwiegermutter dazu!", Anna lacht so herzhaft, dass mir das Herz aufgeht.

Ach, was habe ich doch für ein Glück, solch eine Familie zu haben.

2. Streitrezepte –

Immer Du, jetzt gib mal Ruh!

Das Wort *Ich* hat den Ruf egoistisch zu sein, aber weshalb eigentlich?

Warum wird ständig verlangt sich zurückzunehmen, sich anzupassen, sich nicht aus der Reserve locken zu lassen?

Hier liegt das Problem vieler unversöhnlicher Streitereien. Viele Konflikte müssten nicht so eskalieren, daß es unmöglich scheint aus eigener Kraft eine vernünftige Lösung zu finden, weshalb dann nur noch der Gang zum Anwalt weiterzuhelfen scheint.

Die eigenen Gefühle und Werte ansprechen, erklären weshalb das Verhalten des anderen verletzend auf einen wirkt, weshalb man sich angegriffen fühlt, genau diese Art der Konversation haben wir verlernt. Aber nur so ist es auch dem Streitgegner möglich, sich auf das Bedürfnis des Gegenübers einzustellen. Friede, Freude, Eierkuchen funktioniert nicht wirklich, denn eine Seite bleibt bei dieser Taktik meist auf der Strecke.

Jeder Einzelne hat andere Werte, andere Ausgangspositionen, andere Vorstellungen und Ziele.

Diese ergeben sich z.B. aus einer unterschiedlichen Herkunft, unterschiedlicher Erziehung, aber eben auch innerhalb derselben Gemeinschaft wie der Familie, dem Arbeitsplatz.

In Diskussionen und Streitereien gehen wir ganz selbstverständlich davon aus, dass der Andere, der Arbeitskollege, der Freund, die eigenen Kinder genau so denken wie ich selbst, dass dieselben Gefühle im Spiel sind und deshalb auch klar sein muss, weshalb ich etwas so und nicht anders sehe.

Und genau hier beginnt das größte Problem: das *Ich* geht davon aus, daß das *Du* dasselbe Vorwissen, dieselben Werte, dieselbe Vorstellung vom Leben hat.

Aber das ist ein Irrglauben, den Sie sehr schnell selbst erkennen können:

Überlegen Sie einmal welche 5 positiven Werte (z.B. Pünktlichkeit, Ehrlichkeit) Ihnen wichtig sind und lassen Sie alle anderen Familienmitglieder oder Arbeitskollegen dasselbe tun. Beim Vergleich der wichtigsten Werte werden Sie bereits Unterschiede erkennen, die Ihnen zeigen, weshalb jemand in bestimmten Situationen anders reagiert als Sie es erwarten würden, da ihm eben genau das, was Ihnen sehr wichtig erscheint, nicht so am Herzen liegt. Andererseits hat die andere Seite aus eben diesen anderen Wertevorstellungen kein Verständnis für ihre Reaktion.

Genau dieser grundlegende Konflikt lässt sich nur beseitigen, wenn beide Seiten genau wissen, weshalb der Andere eben genauso empfindet und handelt, deshalb ist es unbedingt notwendig in grundlegenden

Diskussionen zu erklären, weshalb gerade dies oder jenes extrem wichtig ist.

Das heisst praktisch, dass Sie ihrem Streitgegner, auch Ihrem Gegenüber in einer Diskussionsrunde, immer erklären müssen, weshalb Sie gerade so und nicht anders entscheiden, weshalb Ihre Reaktion so ausfällt, Ihre Einstellung genau so und nicht anders ist. Und dies ist nur möglich, wenn Sie ihrem Gegenüber ihre Gefühle und ihre Sicht der Dinge genau beschreiben. Dabei sollten sie möglichst viele Adjektive benutzen, diese helfen Dinge näher zu beschreiben.

Stellen Sie sich eine Liste zusammen mit negativen und positiven Adjektiven, sie werden erstaunt sein, wieviele Adjektive es für ein und dieselbe Situation gibt. Verwenden Sie immer wieder neue Adjektive, dies unterstreicht ihr Bestreben dem Gegenüber ihre Sichtweise genau zu erklären.

Aber wirklich nur in grundlegenden und nicht in unbedeutenden Streitgesprächen, sonst hat man sein Pulver bereits verschossen bevor es gebraucht wird!

3. Kochrezepte –

Immer Du, jetzt gib mal Ruh!

Ohne Streiten, ohne effektive Diskussion gibt es keinen ehrlichen, fairen Frieden, da es keine Chance gibt, sich mit den Wünschen und Gedanken des Anderen auseinanderzusetzen.

Ohne Kenntnis der Lieblingsspeisen der Mitesser gibt es keine Chance auf einen ausgeglichenen und schmackhaften Speisezettel, der alle ausreichend zufrieden stellt.

Guten Appetit!

Kartoffelsuppe

Zutaten: 1kg Kartoffeln
1 kleine Stange Lauch
3 Karotten
¼ Sellerieknolle
150g Fleischwurst oder Krakauer
200g Sauerrahm
2-3 Essl.Essig
Salz, Pfeffer

Zubereitung:

Kartoffeln, Karotten und Sellerie schälen, Lauch gut waschen und alles in mundgerechte Stücke schneiden. Gemüse in einen ausreichend grossen Topf geben und mit Wasser auffüllen bis das Gemüse gut bedeckt ist. Zum Kochen bringen und ca. 10 Minuten leicht köcheln lassen, dann die ebenfalls in mundgerechte Stücke geschnittene Fleischwurst oder Krakauer zugeben und weitere 10 Minuten leicht weiterköcheln lassen.

Die Gemüsesuppe etwas abkühlen lassen. In der Zwischenzeit den Sauerrahm glattrühren und nach und nach einige Löffel der Brühe unterrühren. Erst wenn der Sauerrahm die Temperatur der Brühe erreicht hat, das Sauerrahm/Brühe-Gemisch unter ständigem Rühren in den Topf giessen. Mit Salz, Pfeffer und Essig abschmecken.

Tafelspitz

Zutaten: ca.1,5 kg Tafelspitz (Kalb oder Rind)
Suppengemüse(z.B. Karotte, Lauch, Sellerie)
Lorbeerblätter, Wacholderbeeren, Nelken,
Pimentkörner, Pfefferkörner, Majoran
Creme fraiche, Meerrettich, Dill,
Blattpetersilie

Zubereitung:

Suppengemüse waschen und mit etwas Öl in einem hohen Topf leicht anbraten, den Tafelspitz auf das Gemüse legen und mit kochendem Wasser übergiessen bis alles gut bedeckt ist. Leicht sprudelnd kochen bis der Tafelspitz gar ist.

Von der Brühe ca. 200ml abnehmen und in einem kleinen Topf einreduzieren, Creme fraiche und Meerrettich (frisch gerieben oder aus dem Glas) sowie kleingeschnittenen Dill und die gehackten Blätter der Blattpetersilie dazugeben.

Sauce über den in Scheiben geschnittenen Tafelspitz geben.

Dazu passt wunderbar ein Kartoffel-Karotten-Püree.

Schweinefilet im Blätterteig

Zutaten: 2 Schweinefilets
Butterschmalz zum Anbraten
1 Pkg. Frischer Blätterteig
2 Zwiebeln
100g Trüffelleberwurst
Salz, Pfeffer, Chili, Thymian
1 Eigelb

Zubereitung:

Die Filets von den Sehnen befreien und die dünnen Spitzen abschneiden (lässt sich wunderbar z.b. für Geschnetzeltes weiter verwenden).

Filets kurz in der Pfanne anbraten, herausnehmen und zur Seite stellen. Die Zwiebeln kleinwürfeln und ebenfalls in der Pfanne glasig werden lassen, danach etwas abkühlen.

Die Blätterteigrolle in 2 Hälften teilen und beide Teile gleichmäßig mit der Trüffelleberwurst bestreichen. Die etwas abgekühlten Filets sowie die Zwiebeln ebenfalls gleichmäßig auf beide Blätterteigstücke verteilen, es sollte auf allen Seiten genügend Platz zum Rollen sein.

Nach Geschmack mit Salz, Pfeffer, Chili und Thymian würzen (dabei die Würze der Leberwurst beachten!)

Nun die Seiten der Blätterteigstücke einschlagen und aufrollen. Das Ende des Blätterteigstückes mit Eigelb bestreichen damit es besser hält.

Mit der Nahtstelle nach unten auf ein gefettetes Backblech legen und mit dem restlichen Eigelb bestreichen.

Bei 180 Grad Ober/Unterhitze ca. 45 Minuten backen.

Mit einem scharfen Messer in Scheiben schneiden und mit einem bunten Salat servieren.

Schweinebraten mit Semmelknödel

Zutaten: 1 kg Schweinefleisch (Hals, Schulter) mit
Schwarte
Salz, Pfeffer
1 Teelöffel Kümmel
½ l heisses Wasser
1 Zwiebel
1 Karotte
½ Stange Lauch
¼ Sellerieknolle
Petersilie
1 Knoblauchzehe
1 Lorbeerblatt
Speisestärke

Zubereitung:

Schwarte mit einem scharfen Messer rautenförmig einschneiden und anschliessend das Fleisch mit Salz und Pfeffer einreiben. Den Kümmel in die Schnittstellen der Schwarte einstreuen.

Braten mit der Schwarte nach unten in die Bratenpfanne legen, mit ¼l heissem Wasser übergiessen und im auf 220 °C vorgeheizten Backofen so lange braten bis das Wasser verdampft ist.

In der Zwischenzeit die Zwiebel kleinschneiden, Karotte putzen und in Scheiben schneiden, Lauch längs halbieren, gut waschen, vor allem zwischen den einzelnen Schichten und in Streifen schneiden.

Die Sellerieknolle waschen, schälen und in kleine Würfel schneiden. Knoblauchzehe schälen.

Den Braten aus dem Backofen nehmen, sobald das Wasser verdampft ist und wenden.

Das gesamte Gemüse auf der Bratenpfanne verteilen, das restliche Wasser dazugeben und ca. 1 ½ Stunden weiterbraten. Den Braten immer wieder mit dem Bratensatz begiessen und bei Bedarf noch Wasser nachgiessen, der Boden der Bratenpfanne sollte immer mit Flüssigkeit bedeckt sein, damit nichts anbrennt.

Wenn das Fleisch fertig ist, den Bratensatz mit Wasser vom Boden der Bratenpfanne lösen und durch ein Sieb in einen kleinen Topf passieren.

Das Fleisch zum Ruhen warmstellen, damit sich der Fleischsaft setzen kann und beim Anschneiden nicht ausläuft.

Den Fond mit der in wenig Wasser verrührten Speisestärke binden und mit Salz und Pfeffer abschmecken.

Den Braten in Scheiben schneiden und dazu die Sauce reichen.

Hierzu passen wunderbar Semmelknödel.

Semmelknödel

Zutaten: 6 altbackene Brötchen
¼ l Milch
3 Eier, Größe M
1 Bund glatte Petersilie
2 kleine Zwiebeln
Etwas Öl
Salz
Eventuell Semmelbrösel

Zubereitung:

Die Brötchen in dünne Scheiben schneiden, in eine Schüssel geben.

Die Milch erhitzen und über die Brötchen geben, alles gut durchrühren und 10 Minuten quellen lassen.

Die Zwiebeln in sehr feine Würfel schneiden, die Petersilie von den Stielen zupfen und ebenfalls sehr fein schneiden.

Das Öl in einer Pfanne erhitzen, die Zwiebeln darin goldgelb andünsten, zum Schluß die Petersilie noch kurz mitdünsten.

Die Zwiebel/Petersilien-Masse sowie die Eier zu den eingeweichten Brötchen in die Schüssel geben, mit Salz würzen und gut durchkneten.

Nochmals etwas quellen lassen.

In einem ausreichend grossen Topf Salzwasser zum Kochen bringen, dann die Temperatur etwas zurückschalten, das Wasser sollte nur leicht köcheln.

Einen kleinen Probeknödel formen und in das heisse Wasser einlegen.

Falls er zu fest ist, etwas Milch in die Semmelknödelmasse geben und erneut durchkneten. Falls der Teig zu flüssig sein sollte, vorsichtig Semmelbrösel einstreuen bis der Teig die richtige Konsistenz hat. Diese sollte fest, aber nicht trocken sein.

Wenn der Probeknödel gelungen ist, dann aus dem Teig mit angefeuchteten Händen 8 Knödel formen und ins leicht köchelnde Wasser einlegen.

Nach ca. 20 Minuten sind die Semmelknödel servierfertig.

Kaiserschmarren mit Pflaumen

Zutaten: 125g Mehl
250ml Milch
4 Eigelb
4 Eiweiß
1 Vanillezucker
50g Zucker
50g Rosinen
1 Prise Salz
Butter

500g Pflaumen
etwas Zucker
Wasser

Zubereitung:

Die Eiweisse steif schlagen. Mehl, Milch, Eigelb, Zucker und Salz mit dem elektrischen Rührgerät ca. 3 Minuten zu einem glatten Teig verarbeiten. Den Eischnee und die Rosinen vorsichtig unter den Teig heben. Butter in einer Pfanne zerlassen und die Hälfte des Teiges hineingeben. Wenn die Unterseite bereits goldgelb ist, wenden und den Teig mit Hilfe von 2 Gabeln in kleine Stücke reissen und fertig backen.

Für das Kompott die Pflaumen entsteinen und halbieren mit dem Zucker und etwas Wasser ca. 10 Minuten weichkochen, notfalls etwas Wasser nachgiessen.

Schmarren auf Teller verteilen, mit Puderzucker bestäuben und mit dem Pflaumenkompott servieren.

Karottentorte

Zutaten: 300g Karotten
5 Eigelb
100 g brauner Zucker
100 g weisser Zucker
½ Teelöffel Zimt
Zitronenschale
300g geriebene Haselnüsse
½ P. Backpulver
3 Esslöffel Speisestärke
5 Eiweisse

Zubereitung:

Karotten feinreiben und mit den Eigelben, dem braunen Zucker, Zimt und Zitronenschale vermischen.

Die Haselnüsse, das Backpulver sowie die Speisestärke unterheben.

Die Eiweisse sehr steif schlagen, dabei den weissen Zucker nach und nach zugeben.

Eischnee unter die Karottenmischung geben, in eine gefettete Springform füllen und bei 170°C Ober/Unterhitze ca. 1 Stunde backen.

Mit Glasur (z.B. Zitrone) überziehen und mit Zucker/Marzipankarotten verzieren.

II. Kapitel

Der kleine Zwiebelkönig

4. Der kleine Zwiebelkönig

Heute ist Omatag. Ich habe die Ehre den kleinen Max aus dem Kindergarten abzuholen und er darf sich sein Lieblingsessen aussuchen.

Nein, nicht Pommes mit Ketchup, auch nicht Spaghetti mit Tomatensoße. Zwar besteht seine Leibspeise auch aus dem Hauptbestandteil Nudeln, aber aus der urschwäbischen Sorte, nämlich Spätzle.

Ja, da kommen eben Oma's Wurzeln durch! Natürlich gibt es die Spätzle handgemacht, na ja, fast, denn den „Spätzleschwob" bemühen wir schon. Schließlich ist ja gerade das der Spaß, den Max so mag.

„Oma, ich hab dich soooo lieb!" Max gibt mir, nachdem wir den Teig zubereitet haben, einen dicken Schmatz auf die Backe.

Ach, ist Omatag schön!

„Du kleiner Schmusekater, ich habe dich auch ganz doll lieb! So jetzt ab mit den Spätzle ins Wasser, wir geben den Teig in die Presse und dann feste drücken!" Aber meine Anweisungen sind nicht notwendig, denn Max weiß genau was zu tun ist.

„Oma, schau mal, ich mach lauter lange Regenwürmer!,

Max ist voll in seinem Element, seine Backen glühen vor Arbeitseifer. „Na, die schwimmen aber ganz flott im Wasser, deine Regenwürmer, du bist ja ein richtiger Regenwurmdompteur!" „Oma, meinst du damit kann ich im Zirkus auftreten?" „Bestimmt, wenn es sich um einen Nudelzirkus handelt!", ich beneide den kleinen Spatz um seine grenzenlose Fantasie.

„Wenn du möchtest, kannst du mir nachher noch helfen den Käse zu hobeln und die Zwiebeln zu schneiden. Hast du Lust?"

Was für eine dumme Frage! „Na klar Omi", kommt wie erwartet blitzschnell die Antwort. „Wir müssen aber ganz viel schneiden, denn Papa mag Zwiebeln ganz doll!"

„Die mochte dein Papa schon als er ganz klein war, aber beim Zwiebelschneiden hat er immer fürchterliche Grimassen geschnitten, denn er mochte es gar nicht, wenn die Zwiebeln ihn zum Weinen brachten."

Mein Enkel grinst, flitzt los und kommt kurze Zeit später mit seiner Taucherbrille zurück. „So jetzt können wir starten, ich bin jetzt der Zwiebelkönig!"

Als die Käsespätzle fast fertig sind, kommen auch Thomas und Anna zurück. Beim Anblick von Thomas kommt mir sofort sein „Zwiebelgesicht" in den Sinn, von dem ich Max kurz davor erzählt habe.

Irgendwie sieht er aus wie damals. Verbissen, so nach der Art: „Aber nicht mit mir!"

Annas Mimik verät ebenfalls nichts Gutes, sie schaut

ziemlich verstimmt aus. Augenbrauen hochgezogen, Augen zusammengekniffen.

„Na bei euch scheint ja eine Superstimmung zu herrschen", ich kann mein Mundwerk mal wieder nicht im Zaum halten. „Jeder Pantomime hätte seine wahre Freude an Euch!"

„Nein alles okay", raunte Thomas.

„Gar nichts ist okay! Immer machst du ein gelangweiltes Gesicht, wenn ich dir von meinen Erlebnissen erzähle!", schimpft Anna gleich los.

„Stimmt doch gar nicht, ich bin nur müde von der Arbeit, aber ich höre dir ja zu!"

„Nein, tust du nicht!"

„Tu ich wohl!"

Anna schnaubt mit beleidigtem Blick: „Warum habe ich dann den Eindruck, daß du gar nicht anwesend bist? Wenn ich dich ansehe ist dir die Langeweile doch förmlich ins Gesicht geschrieben, sie trieft ja förmlich aus deinen Augen und deine Mundwinkel folgen eindeutig der Schwerkraft. Wo, bitte, soll ich da denn Interesse entdecken!"

Eine sehr interessante Beschreibung der Mimik meines Sohnes und auch der Kern des Problems.

„Kinder, Kinder, jetzt ist es aber gut, jetzt wird erst mal gegessen, euer Sohn war nämlich ein tapferer kleiner *Zwiebelkönig* und hat dir, mein Sohn, extra viele Zwiebeln für die Käsespätzle geschnitten. Heute Abend setzen wir uns bei einem guten Tröpfchen Trollinger zusammen und schauen mal keinen Film an, sondern reden über ein paar Statisten, die euch selbst die gesamte Produktion versaut haben."

Bei dem herrlichen Geruch, der aus der Küche kommt, können Beide nicht Nein sagen. Als Max mit seiner Tauchbrille um die Ecke gerannt kommt und stolz verkündet, dass er im Gegensatz zu seinem Papa gerade zum *Zwiebelkönig* gekürt worden ist, müssen wir alle gemeinsam so herzhaft lachen, dass von Zornesfalten nichts mehr zu sehen ist.

Als Max zufrieden in seinem Bettchen schlummert, setzen wir uns gemütlich mit einem Gläschen Wein aufs Sofa und sehen uns die Rollen der Statisten in unserer Produktion mal genauer an: „ Eigentlich glaubt jeder, dass der Hauptgrund beim Streiten, bei Missverständnissen die Sprache ist, aber ihr beide habt vorher selbst gesehen, dass dem nicht so ist. Also können uns die Statisten das Drehbuch und damit den Film ganz schön ruinieren, wenn sie sich dauernd einmischen."

Ja, genau, immer dieser gelangweilte Gesichtsausdruck, wenn.....", legt meine Schwiegertochter gleich los.

„Halt! Stop!!", ich unterbreche ihren Redefluß abrupt. „Wir wollen doch nicht weiterstreiten, sondern schauen, was ihr ändern solltet um aus diesem Fahrwasser herauszukommen. Überlegt mal Beide, was ihr machen könntet um den Anderen ohne Worte in Rage zu bringen."

„Ja, eben dieses gelangweilte Gesicht oder wenn Thomas mit verschränkten Armen dasteht, wie so ein Terminator!"

„Und du immer mit deinem Augen verdrehen und wenn ich dann frage, was los ist, heisst es garantiert mit einem nicht zu überhörenden Unterton: *Nichts!*, da könnte ich sofort an die Decke springen!". Thomas redet sich so richtig in Fahrt.

Anna tut es ihm gleich. „ Ja, und du drehst dich einfach weg oder machst eine abfällige Handbewegung, die mir deutlich macht, dass du mich nicht für voll nimmst!"

„Jetzt, aber! Schluss! Feierabend! Ich habe genug Material für einen ganzen Film, aber überlegt doch einfach mal in Ruhe, was ihr statt dessen tun könnt, denn immerhin habt ihr bereits gemeinsam festgestellt, was wohl absolut nicht zur Verständigung beiträgt, also was ist dann im Umkehrschluß wohl ganz wichtig beim Gespräch miteinander, sei es in der Diskussion oder im alltäglichen Gespräch?"

Meine Frage löst eine kurze Unterbrechung des Gesprächs aus, ich höre förmlich die einzelnen Synapsen rattern.

„ Klar, dass der Andere ein aufmerksames Gesicht macht und nicht die Stirn runzelt", Anna macht wie meistens den Anfang.

„Und der spitze Unterton in den Sätzen sollte wegfallen, sonst klingt es sofort so schulmeisterlich oder vorwurfsvoll, da habe ich dann sofort keine Lust mehr mich weiter zu unterhalten!", auch Thomas hat sich Gedanken gemacht.

„Eigentlich müssten wir uns nur in die Augen schauen beim Reden, den Tonfall nicht allzu spitz oder laut wählen und dabei eine offene Körperhaltung einnehmen und nicht so herrschend dastehen", resümiert Anna und Thomas fällt ihr ins Wort: „ Und wenn du dann noch lächelst, dann nehme ich dich doch gleich mal in den Arm und knutsch dich!"

„Na, Kinder, wenn das kein Erfolg ist, weiß ich auch nicht, was ich euch noch sagen sollte. Ihr habt ziemlich gut verstanden, dass ihr auch ohne Worte, nur durch Gestik, Mimik, Tonlage oder Körperhaltung ganz schön viel anrichten könnt. Es gibt einen schönen Spruch:

Die beste Art seinem Gegenüber die Zähne zu zeigen, ist zu lächeln!

Ein wunderschöner Satz und jetzt geniesst den Rest des Abends. Ich mache mich auf den Heimweg, schließlich muss ich morgen wieder anderen Menschen in der Arbeitswelt beibringen, dass Streiten eine gute Sache ist. Wenn es doch immer so einfach wäre wie bei euch Beiden!"

5. Streitrezepte - Der Zwiebelkönig

„Zieh nicht immer so ein Gesicht!"
„Verdreh nicht so die Augen!"
„Dreh mir nicht den Rücken zu!"
„Dein gelangweiltes Gesicht sagt alles!"
„Schon wie du dastehst!"

Überlegen Sie einmal selbst, wieviele stumme Statisten einer Streitinszenierung Ihnen selbst einfallen.

Ein – Zwei -?

Ich bin mir sicher, wenn Sie eine Weile nachgedacht haben über die letzten „Streitstücke", an deren Produktion Sie beteiligt waren, werden Ihnen sicherlich zehn weitere Statisten einfallen.

Welche Rolle spielen diese Statisten?
Haben sie eine Haupt- oder nur eine Nebenrolle?

Die Antwort ist ganz einfach: Sowohl als auch!

Sie haben keine Sprechrolle, trotzdem beeinflussen sie die Inszenierung maßgeblich. Still, leise, aber trotzdem sehr präsent füllen sie ihre Rollen aus. Sie hätten durchaus einen Oscar für die besten Nebendarsteller verdient!

Sie füllen ihre Nebenrolle so perfekt aus, dass der Regisseur extrem gefordert ist, damit die Statisten nicht die Hauptrolle übernehmen, ansonsten läuft die Produktion vollkommen aus dem Ruder.

Denken Sie bei diesen Statisten nicht nur an den Gesichtsausdruck, auch Körperhaltung, Gesten oder bereits die Platzierung dieser Statisten haben eine große Wirkung auf das Stück.

Überlegen Sie in Ruhe, welche dieser Nebendarsteller sich regelmäßig in Ihre Inszenierungen einmischen und was sie auslösen.

Wie reagieren Sie, wenn Ihnen Ihr „Mitstreiter" den Rücken zudreht? Trägt diese Platzierung zur positiven Entwicklung des Stückes bei?

Wohl kaum!

Ihr Mitspieler steht mit verschränkten Armen vor Ihnen? Entspannt dies die Atmosphäre?

Das Augenrollen des Gegenübers ist kaum zu übersehen? Reagieren Sie darauf vollkommen gelasen?

Ihr Gegenspieler ignoriert Sie, wenn Sie die Bühne betreten? Ist damit die positive Entwicklung des Stückes möglich?

Ihnen sind sicher noch sehr viel mehr unliebsame Statisten eingefallen, aber wie wird man sie los, wie gewinnt man die wirklich nützlichen Statisten ohne die Aufführung vorzeitig abzubrechen?

Eigentlich ganz einfach, wenn die Anweisungen des Regisseurs befolgt werden. Achten Sie bei Ihrem nächsten Streit, gleichgültig ob im familiären oder beruflichen Bereich, darauf folgende Regieanweisungen umzusetzen:

1. Ein offener Blick erzeugt mehr Spielsicherheit.

2. Augenkontakt herstellen und beibehalten.

3. Geringschätzende Mimik vermeiden.

4. Interesse an Gegenüber trotz Streit auch durch Offenen Blick/Mimik unterstützen.

5. Nachdenklicher Blick erzeugt positives Gefühl, da es die Auseinandersetzung mit dem Gesagten widerspiegelt.

6. Arme offen, nicht verschränken oder in die Hüfte stemmen.

7. Hände beim Gestikulieren positiv benutzen um die Worte zu unterstreichen, nicht jedoch um Abwehr oder Aggressivität zu signalisieren.

8. Den Körper immer dem Gegenüber zuwenden, nicht den Rücken zudrehen.

9. Beinstellung nicht breitbeinig oder lässig, da sonst der Eindruck von Desinteresse erzeugt wird.

Es ist ganz wichtig, dass die negativen Darsteller eines Streitgespräches erst gar nicht die Bühne betreten, denn der Schaden, den sie anrichten können, ist so groß, dass selbst der beste Regisseur enorme Probleme hätte, die gesamte Truppe wieder auf eine einheitliche Bühne zu bekommen.

Am besten ist in solch einem Fall, eine längere Spielpause einzuläuten, damit sich alle Beteiligten wieder erholen können und nach einer ausgedehnten Pause mit neuem Elan in die Fortsetzung des Stückes starten.

Fazit des Regisseurs der Inszenierung:

Alle offen wirkenden Statisten auf die Bühne, die anderen haben heute spielfrei!

6. Kochrezepte - Der Zwiebelkönig

Aufmüpfige Nebendarsteller und Zwiebelgerichte haben vieles gemeinsam.

Solange sie nicht perfekt eingearbeitet sind, verursachen sie viele Tränen. Wenn sie jedoch die Startschwierigkeiten überwunden haben und vor der Premiere/vor dem Servieren stehen, dann sind alle Mühen vergessen.

Guten Appetit!

Käs'spätzle

Zutaten: 500g Weizenmehl
5 Eier Gr.M (bei L genügen 4 Eier)
1 Teelöffel Salz
eventuell etwas Wasser
100 ml geschlagene Sahne
100g geriebener Käse
(Sorte nach Geschmack)
3 Zwiebeln
Butter

Zubereitung:

In einer Schüssel Mehl, Eier und Salz solange mit einem Kochlöffel kräftig rühren bis der Teig Blasen schlägt. Falls der Teig zu fest sein sollte etwas Wasser zufügen.

Die Zwiebeln halbieren und in dünne Streifen schneiden.

Eine hohe Auflaufform mit Butter ausfetten.

In einen großen Topf Wasser zum Kochen bringen und den Teig portionsweise durch die Spätzlepresse oder mit dem Spätzlebrett/Schaber ins heiße Wasser geben. Sobald die Spätzle oben schwimmen, diese mit der Abtropfkelle aus dem Wasser nehmen und in die Auflaufform geben. Etwas geschlagene Sahne darüber verteilen. Eine Schicht geriebenen Käse darüber geben und mit dem restlichen Teig sowie Käse und geschlagener Sahne fortfahren bis alles aufgebraucht ist.

Wichtig: immer mit Käse abschliessen!

Die Auflaufform ca.10 Minuten bei 150 Grad Ober/Unterhitze auf der unteren Schiene in den Backofen schieben.

In der Zwischenzeit die Zwiebelstreifen in der Pfanne in Butter goldbraun anschwitzen.

Auflaufform aus dem Backofen nehmen und die Zwiebeln darauf verteilen.

Dazu passt sehr gut grüner oder gemischter Salat.

Zwiebelrostbraten

Zutaten: 4 Scheiben Roastbeef (je 200g)
Salz, grober Pfeffer aus der Mühle
4 Eßl. Butter
2 Gemüsezwiebeln
Butterschmalz für die Pfanne

Zubereitung:

Die Gemüsezwiebel längs halbieren und in dünne Scheiben schneiden.

Butter in einer beschichteten Pfanne vorsichtig (nicht zu heiß) erhitzen und die Zwiebelstreifen darin goldgelb anbraten. Warm stellen.

Die Haut der Roastbeefscheiben jeweils 3mal mit einem scharfen Messer einschneiden, damit sich das Fleisch beim Braten nicht zusammenrollt. Mit Salz und Pfeffer würzen und von jeder Seite 4 Minuten scharf anbraten. Anschliessend in Alufolie kurz ruhen lassen.

Dazu passt ein frischer Salat!

Zwiebelkuchen

Zutaten: für den Boden

> 250g Mehl
> 125g Butter
> 1 Prise Salz
> 1 Ei
> Eventuell 1 Essl. Wasser

> **für den Belag**
> 1 kg Zwiebeln
> 100 g magere Speckwürfel
> etwas Butterschmalz für die Pfanne
> ¼ l saure Sahne
> 3 Eier
> Salz, 1 Essl. Kümmel

Zubereitung:

Für den Boden die Zutaten in eine Schüssel geben und mit den Händen oder den Knethaken des Rührgerätes zu einem glatten Teig verarbeiten. Bei Bedarf etwas Wasser zugeben. Teig zu einer Kugel formen und in Folie gewickelt ca. 1 Stunde in den Kühlschrank legen.

In der Zwischenzeit die Zwiebeln in Scheiben schneiden, den Speck fein würfeln. Speck mit etwas Butterschmalz in einer beschichteten Pfanne ganz kurz anbraten, die Zwiebeln dazu geben und glasig dünsten. Etwas abkühlen lassen.

Den salzigen Mürbteig ausrollen und den Boden sowie Rand einer Springform damit auslegen.

Die Eier mit der sauren Sahne verquirlen und dabei mit Salz und Kümmel mischen. Anschließend die Speck-Zwiebel-Mischung unterheben und in die ausgelegte Springform füllen.

Backofen auf 200° vorheizen und 45 Minuten auf der mittleren Schiebeleiste backen.

Kuchen schmeckt am besten noch lauwarm.

Maultaschen mit Zwiebelschmelze

Zutaten: 500 g fertiger Nudelteig (Kühlregal/Bäcker)
500 g gemischtes Hackfleisch
500 g Brät
350 g Blattspinat gefroren
50 g geräucherter Bauch
2 Zwiebeln
Petersilie nach Belieben
Salz, Pfeffer, 1 Prise Muskat
1 Gemüsezwiebel
1 Essl. Butter

Zubereitung:

Die Zwiebeln und den geräucherten Bauch fein würfeln Blattspinat auftauen und kleinschneiden, Petersilie ebenfalls kleinschneiden.

Zuerst die Zwiebeln mit dem Speck in etwas Öl andünsten und dann den Spinat und die Petersilie dazugeben. Noch 3 Minuten weiterdünsten.

Masse etwas abkühlen lassen und dann mit dem Hackfleisch, dem Brät sowie den gewürzen mischen und zu einer einheitlichen Masse verarbeiten.

Den Nudelteig ausrollen und mit der Masse bestreichen, dabei die Ränder etwas frei lassen. Die Nudelrolle von der langen Seite aus aufrollen.

Mit den Handkanten schräg einzelne Maultaschen abteilen und mit einem Messer durchschneiden. Kanten nochmals etwas andrücken

Einen großen Topf mit Gemüsebrühe zum Kochen bringen, die Maultaschen vorsichtig einlegen und ca. 20 Minuten leicht köcheln lassen (Kochzeit richtet sich nach der Größe).

In der Zwischenzeit Gemüsezwiebel in dünne Streifen schneiden. In einer Pfanne die Butter schmelzen lassen und darin die Zwiebelstreifen goldgelb anschmelzen.

Maultaschen aus der Brühe nehmen und mit etwas Gemüsebrühe in Suppenteller geben.

Mit geschmelzten Zwiebeln belegen und etwas frischem, in Röllchen geschnittenem Schnittlauch bestreuen.

Dazu passt wunderbar ein schwäbischer Kartoffelsalat.

Zwiebelsuppe

Zutaten: 6 große Zwiebeln
1 Essl. Butter
¼ l Weisswein
1 Essl. Mehl
Wasser
geröstete Toastbrotscheiben
geriebener Käse

Zubereitung:

Zwiebeln in Scheiben schneiden und in Butter glasig dünsten. Das Mehl dazu geben und mit Weisswein ablöschen.

Wasser zugeben, zum Kochen bringen und 20 Minuten köcheln lassen.

Mit einer Scheibe geröstetem Toastbrot und geriebenem Käse garnieren.

Käse-Wurstsalat

Zutaten: 100 g Schwarzwurst
100 g Lyoner
100 g Emmentaler
1 rote Zwiebel
3 Essl. Essig
6 Essl. Sonnenblumenöl
Salz, Pfeffer

Zubereitung:

Wurst, Käse und Zwiebel in feine Streifen schneiden, mit Essig, Öl mischen. Mit Salz und Pfeffer abschmecken.

Hierzu passt ein gutes Bauernbrot und fertig ist der Genuß!

III. Kapitel

Gärtner's Freud – Gärtner's Leid

7. Gärtner`s Freud –

Gärtner`s Leid

Anna und Thomas haben einen wundervollen Gemüsegarten gemietet, den sie jetzt schon im zweiten Jahr bewirtschaften. Die Idee dahinter ist eigentlich ganz einfach und doch genial. Es wird für jede Saison von Mai bis Oktober ein Stück Acker auf einem großen Feld zur Verfügung gestellt. Es gibt kleinere oder größere Flächen, je nach Familiengröße und Hunger.

Dieser Acker ist dann zu Beginn der Mietzeit Anfang Mai bereits mit vielen verschiedenen Gemüsesorten bepflanzt, von Bohnen über Kohl bis zu Zucchinis.

Die Saisongärtner müssen nur noch ihre eigene Arbeitskraft und etwas Zeit mitzubringen und schon kann einige Wochen nach dem Start die Ernte beginnen.

Aber wie so oft im Leben heisst es auch hier „ohne Fleiß kein Preis!". An diesem Sonntag habe ich die Ehre mit dabei zu sein, wenn es heisst, Unkraut zu jäten und Gießkannen zu tragen.

Als wir am Acker ankommen, stürzt Max gleich los. „Omi, komm ganz schnell, ich muss dir meine Lieslein zeigen, die sind schon ganz schön groß!" Ich kenne zwar kein Gemüse mit Namen Lieslein, aber bis vor kurzem wusste ich auch nicht was Topinambur oder Pastinaken sind. Also, warum soll ich nicht auch noch

Lieslein kennenlernen. Als wir fast am Feldteil von Max angelangt sind, zeigt er ganz aufgeregt auf eine Reihe mit vielen buschigen Blättern und ich ahne bereits, was seine heißgeliebten Lieslein sind, denn dieses Gestrüpp kommt mir dann doch nicht allzu exotisch vor.

Als Max ganz vorsichtig die Blätter zur Seite schiebt, kommen auch schon die schönen roten Knöllchen zum Vorschein. „Oma, siehst du, die Lieslein sind schon riesig groß! Glaubst du, ich kann schon eins raus ziehen?" So herrlich, wie mich diese Radieschen namens Lieslein anstrahlen, sind sie wirklich reif für die Ernte.

„Ich denke schon, dass die zum Ernten bereit sind, zieh ganz vorsichtig nur zwei Stück heraus, damit die anderen im Boden noch fleißig weiter wachsen können."

Was ist das doch für eine wunderbare Assoziation: Fleissige Lieslein, da kommt ja richtig Poesie auf.

„Wenn du sie dann an der Wasserstelle noch abwäschst, können wir ja schon mal kosten bis Mama und Papa kommen."

Da fällt mir auf, daß die beiden immer noch oben beim Geräteschuppen stehen, der auch zur Ausstattung des Feldes gehört, sodass niemand seine eigenen Gartengeräte mitbringen muss. Harke, Schaufel, Rechen, Gießkanne, ja selbst die Grabegabel für die Kartoffelernte, all das ist vor Ort, jeder der Teilzeitgärtner kann die Geräte benutzen, es muss lediglich nach getaner Arbeit wieder dorthin gebracht werden. Sind am Ende die Gartengeräte verschwunden oder warum kommen Anna und Thomas nicht zum Feld?

In der Zwischenzeit hat Max mit aller Sorgfalt und Hingabe die zwei Radieschen aus der Erde gezogen und ist zur Wasserstelle geeilt um sie zu waschen. Voller Stolz kommt er mit den beiden großen roten Kugeln zurück. „Schau, Oma, so riesig sind die Lieslein schon, ist das nicht toll. Zuerst habe ich die gar nicht gesehen und jetzt….!" Herzhaft beisst Max in sein rotes Radieschen und hält mir meines so vor den Mund, dass ich nur noch zubeissen muß.

In der Zwischenzeit kommen auch Thomas und Anna näher, die ich in diesem Moment noch nicht sehen, aber dafür hören kann.

„Immer muß ich überlegen, was wir brauchen. Letztes Jahr hast du dich auch schon so angestellt!"

„Du musst ja auch einen Staatsakt aus allem machen, so wie immer!"

Na, das kann ja heiter werden, die Wortfetzen, die meine Ohren erreichen, sprechen für sich. Ich lasse mich jedoch sofort wieder von Max ablenken, der mir voller Stolz das „Wunschbeet" zeigt, auf dem jeder Gärtner selbst noch Gemüse anpflanzen kann.

„Hier habe ich meinen eigenen Acker, da durfte ich aussuchen, was drauf kommt. Mama und Papa sind extra mit mir zum Gärtner Wulle gefahren."

„Ach, was sind Anna und Thomas doch für wundervolle Eltern." Diese Gedanken vermischen sich mit dem gerade Gehörten. „Aber manchmal gehen die Pferde mit Ihnen durch", schwirrt es weiter in meinem Kopf herum.

„Also hier, das sind Tomaten, die mag ich doch so gerne. Aber ich habe nicht nur rote gepflanzt. Du wirst staunen, was ich alles für Sorten habe. Die hier werden gelb und die sind nachher länglich, nicht rund." Welche Vielfalt an Arten die Natur parat hat, ich komme aus dem Staunen nicht mehr heraus.

Eigentlich genauso wie bei den Menschen: viele verschiedene Meinungen, viele verschiedene Gefühle und genauso viele verschiedene Denkansätze.

Inzwischen sind auch Anna und Thomas beim Acker angelangt und harken scheinbar friedlich die vielen Unkräuter zwischen den Gemüsereihen aus der Erde, aber die Spannung zwischen den Beiden liegt wie ein drohendes Gewitter über dem Gemüsebeet.

„Oma, schau, hier habe ich eine Melone gepflanzt, aber der Herr Wulle hat gesagt, die wird nur was, wenn dieses Jahr ganz doll die Sonne scheint. Glaubst du, dass es klappt, Omilein?"

„Na, im Moment sieht es ja ganz gut aus mit dem Sonnenschein, ich drück dir auf alle Fälle ganz fest die Daumen, ich würde ja auch gerne ein Stückchen Melone von deinem Acker probieren."

Was im Moment allerdings nicht so ganz funktioniert, ist das inzwischen wieder aufgenommene Gespräch zwischen Anna und Thomas.

"Mensch, pass doch auf, Thomas, du harkst ja schon wieder an der falschen Stelle, da wachsen doch

Kartoffeln. Und deine großen Füsse zertrampeln auch jedes Mal die kleinen Pflänzchen!"

Nun zumindest für meine Augen wachsen immer noch extrem viele Gemüsepflanzen auf dem Feld. „Es ist jedes Jahr dasselbe!", tönt Annas Stimme zu mir herüber. Aber eigentlich haben die beiden das Gemüsegärtchen doch noch gar nicht so viele Jahre, wundere ich mich im Stillen.

„Und du zickst Jahr für Jahr herum. Dir kann ich es ja sowieso beim Gärtnern nicht recht machen. Du flippst immer gleich aus!"

Toll, Danke schön, das ist ja mal wieder eine Paradevorstellung für meine Seminarrubrik:

„Wie sollte ich es möglichst nicht machen, es sei denn ich möchte meinen Partner oder Arbeitskollegen los werden."

Max ist so damit beschäftigt mir sein Beet zu erklären, dass er seine Eltern gar nicht zur Kenntnis nimmt.

Kinder haben einfach die wunderbare Gabe alles um sich herum auszublenden, wenn sie sich auf etwas konzentrieren, leider ist diese Gabe seinen Eltern anscheinend abhanden gekommen, ansonsten hätte keiner die anscheinende Unzulänglichkeit des Anderen wahrgenommen.

Aber glücklicherweise kümmern sich die beiden schnell wieder um das Unkraut im Boden und nicht mehr um das in ihrer Konversation, die konzentrierte Arbeit mit „Mutter Erde" wirkt sich doch auch positiv auf den

Angriffs- bzw. Gegenangriffspegel aus. Nach knapp zwei Stunden sind alle Pflänzchen vom Unkraut befreit und auch fleißig gegossen, Max hat vor allem beim Gießen einen großen Anteil, was auch seiner Kleidung anzusehen ist. Ich weiß nicht, wer mehr Wasser abbekommen hat, Max oder die Gemüsepflanzen.

Max hüpft schon wieder ganz aufgeregt durch die Ggend und ruft ausdauernd: "Hunger! Hunger!"

„Ja, wir gehen ja demnächst, mein Schatz, dann kann Omi dir zu Hause einen Pfannkuchen machen."

„Ach Omi, so lange kann ich nicht warten, schau doch mal, neben dir steht doch was!", Max schaut mich ganz spitzbübisch an und erst jetzt bemerke ich die Kühltasche.

„Alles klar, mein Lausebengel, du hast Verpflegung dabei, dann ist ja alles in Ordnung." „Wir bringen nur noch kurz die Gießkannen und die Arbeitsgeräte zum Schuppen, dann kann es gleich losgehen mit unserem Picknick", klärt mich Anna auf, die wohl mein verduztes Gesicht bemerkt hat.

Am Rand des Feldes steht eine Bank, auf der wir es uns gemütlich machen und Anna packt eine Leckerei nach der anderen aus. Gefülltes Fladenbrot, Böreks, Cookies und einen saftigen Zucchinikuchen.

„Der Salat in dem Fladenbrot ist übrigens schon von unserem Acker, die Zucchini auch, aber die ist noch vom letzten Jahr, hab ich portionsweise geraspelt und eingefroren." Anna ist ganz stolz auf ihre mitgebrachten Speisen und das zurecht.

Diese Teigrollen mit Schafskäse sind ein Gedicht und einen solch saftigen Kuchen habe ich noch nie gegessen.

Die Sonne strahlt mit uns um die Wette und Max muss dringend nochmal seine Tomaten begutachten. Ich nutze die Chance kurz mit Anna und Thomas allein sprechen zu können, denn ihre Unterhaltung von vorher geht mir nicht aus dem Kopf.

„Ihr Zwei seid ein wundervolles Pärchen und genauso wunderbare Eltern, aber eines könnt ihr immer noch nicht so ganz. Ich habe vorher zufällig eure Unterhaltung über die Gartenarbeit bzw. die Notwendigkeit der Gartengerätschaften mitbekommen. Das war allerdings alles andere als wunderbar, eher sonderbar. Habt ihr eigentlich bemerkt, daß ihr eine olle Kamelle nach der anderen aufgewärmt habt? Ich gehe zu euren Gunsten davon aus, dass dem nicht so war. Es hat nämlich wenig Sinn mit Argumenten wie *du machst immer...- ist ja immer dasselbe..., war schon früher so...* ein Problem zu besprechen. Bei so vielen Schuldzuweisungen aus der Vergangenheit gerät das, was jetzt von Bedeutung ist, so sehr in den Hintergrund, daß es gar nicht mehr zu sehen ist. Zu sehen sind höchstens die persönlichen Anzeichen, dass man ja eh immer alles falsch macht, weshalb sollte sich aus dieser Sicht jemand überhaupt noch ändern wollen oder zuhören?"

„War doch gar nicht so gemeint, mich nervt halt, wenn Thomas immer, oh Entschuldigung, wenn Thomas so unkoordiniert im Beet rumstochert!" Anna hat wieder mal bewiesen, daß sie eine gute Zuhörerin ist. „ Aber am Ende ist doch alles unkrautfrei, oder etwa nicht?", hakt Thomas nach.

„Ja, eigentlich schon, vielleicht sollte ich mich in Zukunft doch auf die Einzelkritik beschränken, ist wirklich etwas bescheuert sich so auszudrücken als wäre nie etwas in Ordnung", Anna schaut gedankenversunken über das Feld.

„Schaut euch doch mal euren Sohn an, der kümmert sich mit solch einer Geduld um seine Tomaten, ich bin sicher, er registriert gar nicht, was wir gerade machen", gebe ich zu verstehen. „Er lebt vollkommen im Hier und Heute und genau das solltet ihr auch tun!"

„Schon verstanden Mutsch, wir werden ab jetzt mehr darauf achten, dass wir keine alten Schubladen aufmachen, sondern uns nur auf die offenen konzentrieren!" Mein Sohnemann fasst das Gespräch kurz und bündig zusammen, besser hätte ich es auch nicht machen können.

„Du bist ein Genie, mein Sohn!"

„Ich weiß!", grinst Thomas zurück und wir müssen alle herzhaft lachen.

Ich bin richtig glücklich über diesen wunderschönen Tag mit meinen drei heißgeliebten Gartenbesitzern.

Es ist doch einfach nur schön im Hier und Heute!

8. Streitrezepte –

Gärtner`s Freud-Gärtner`s Leid

Geschichte ist interessant, Geschichte bildet, Geschichte lässt uns für die Zukunft lernen.

Karthago, Versailles, Rom, Athen – alles Orte, die wir mit Geschichte verbinden. Der Hauch von Vergangenheit lässt der Phantasie freien Lauf. Wir stellen uns vor, wie das Leben dort war. Konflikte und Missstände werden distanziert betrachtet und analysiert. Wissenschaftler setzen sich objektiv mit dem Geschehen auseinander und versuchen das Puzzle zu enträtseln.

Aber was machen wir mit unserer eigenen Vergangenheit?

Wir werfen sie ungefiltert und subjektiv in einen neuen Streit ohne Rücksicht darauf, dass es in der momentanen Situation eigentlich unerheblich ist, was gestern und vorgestern geschehen ist. Und dies, obwohl Streiten nichts mit Geschichte zu tun hat. Es geht doch um etwas, was genau in diesem Moment aktuell ist und nicht um Geschichten aus alten Zeiten.

Überlegen Sie doch einfach kurz, welche Formulierungen ihren Streit begleiten.

Ich bin davon überzeugt, dass sich Sätze wie:

„Das war ja wieder mal klar……!"

„Du machst immer………!"

„Merkst du denn nicht, dass du schon wieder…..!"

„Das ist ja wieder typisch……..!"

„Nie hörst du zu, wenn……..!"

All diese Formulierungen versuchen Schlußfolgerungen aus der Vergangenheit zu allgemein gültigen Regeln zu machen.

Aber Regeln für wen?

Wem nützen diese Vorhaltungen?

Etwa dem, der sie zu hören bekommt?

Wohl kaum, da der Adressat dieser Formulierungen sofort abschaltet, wenn diese Sätze fallen. Weshalb sollte er auch zuhören, er hat ja alles bereits etliche Male gehört, es lohnt sich also in keinster Weise zu zuhören, da offensichtlich keine neuen Informationen kommen. Selbst wenn dies der Fall sein sollte, wird es nicht wahrgenommen, da die Konzentration zu diesem Zeitpunkt bereits erheblich eingeschränkt ist und solche Abweichungen von früheren Formulierungen nicht mehr registriert werden.

Es ist wie bei Autostrecken, die wir täglich zurücklegen. Die Routine wird immer größer und genau dies wird zum Verhängnis, wenn dann plötzlich eine unvorhergesehene Abweichung auftritt. Mit Glück erkennen wir die Veränderung gerade noch rechtzeitig, jedoch bleibt keine Zeit zum Nachdenken! Genau das gleiche geschieht mit dem Zuhörer, denn auch er hat durch die fehlende Aufmerksamkeit keine Zeit zum Nachdenken.

Wenn diese Formulierungen dem Adressaten nichts nützen, dann sollten sie doch zumindest demjenigen, der sie anwendet, hilfreich sein.

Aber ist dies wirklich so?

Dazu muß zunächst verdeutlicht werden um was es bei dem aktuellen Konflikt eigentlich geht. In der Eingangsgeschichte sind die Kartoffeln des Vorjahres bereits geerntet, um die kann es also definitiv nicht mehr gehen. Somit kommen also nur die in Betracht, die gerade in der Erde stecken. Genauso verhält es sich mit der geöfneten Zahnpastatube oder mit dem ständig offen stehenden Aktenschrank im Büro.

Ärgerlich macht meist nur die momentane Situation, deshalb sollte sich der Konflikt auch zunächst nur darauf beziehen. In Fällen, in denen ein und dieselbe Situation immer wieder Konflikte entstehen lässt, ist es wichtig eine Regel, einen Kompromiss oder sogar einen Konsens zu erarbeiten (dazu mehr in Kapitel 5).

Aber meist geht es nur um Kleinigkeiten und hierbei ist es wichtig, die gerade anstehende Konfliktsituation zu beschreiben, bei der gegenwärtigen Lage zu bleiben. Nur so ist es auch möglich ein Gespräch aufzubauen, das zu einem im Moment erforderlichen Ergebnis kommt und nicht tiefere Wunden entstehen lässt, die mit dem eigentlichen Streit in der jetzigen Situation gar nichts zu tun haben.

Als Fazit lässt sich sagen, daß Wörter wie „immer, dauernd, typisch, stets" nichts in einem Streitgespräch zu suchen haben.

Es geht eben vor allem um das Hier und Heute.

9. Kochrezepte –

Gärtner's Freud - Gärtner's Leid

Was gibt es besseres als selbstgepflanztes und selbstgeerntetes Gemüse. Auch wenn es viel Arbeit macht bis so ein Kohlkopf oder eine Zucchini so weit ist, dass der Kochtopf bereitstehen kann, die Vorfreude und auch der Schweiß beim Schleppen der vielen Gießkannen, damit das Pflänzchen wächst, sind spätestens dann vergessen, wenn ein duftendes und schmackhaftes Gericht daraus geworden ist.

Guten Appetit!

Asiatischer Gemüse-Wok

Zutaten: 500 g Möhren
500 g Zucchini
2 Zwiebeln
1 Stange Lauch (Porree)
¼ - ½ Kohl, je nach Größe
(Weißkohl, Wirsing o.ä.)
Etwas Öl
Asiatische Sauce nach Geschmack (Soja- und Terriakisauce oder Chili- und Mangosauce, nach Geschmack dosiert)

Zubereitung:

Möhren und Zucchini putzen und in dünne Stifte schneiden, bei Zucchini eventuell die Kerne ausschaben.
Zwiebeln in dünne Scheiben schneiden.
Lauch halbieren und gründlich waschen, dann in dünne Ringe schneiden.
Kohlkopf vierteln und Strunk entfernen, danach ebenfalls in dünne Streifem schneiden.

Öl im Wok oder in einer hohen Pfanne erhitzen, dann die Zwiebeln leicht anschwitzen, die Gemüsesorten nach ihrem Härtegrad nacheinander in den Wok/die Pfanne geben.

Bissfest garen, die Saucen nach Geschmack untermischen, nochmals kurz durchziehen lassen.

Variante mit Kokosmilch und Gemüsebrühe:

Hierzu Gemüse wieder wie oben beschrieben kleinschneiden und bissfest garen.

Anschließend mit etwas Gemüsebrühe (ca. 1/4l) ablöschen und eine kleine Dose Kokosmilch hinzufügen.

Salzen und etwas Pfeffern und dann noch Curry (scharf oder mild) hinzufügen.

Zu beiden Varianten schmeckt Basmatireis oder Baguette (zum Sauce aufstippen!)

Börek

Zutaten für 24 Stück:

1 Packung Yufkablätter (Teigblätter in Dreieckform)
400g Feta bzw. Hirtenkäse
400g gekochte Kartoffeln
3-4 Frühlingszwiebel
2 längliche türkische grüne Paprika (scharf)
150-200g türkischer Joghurt, 3,5%
1 Bund glatte Petersilie
1 Knoblauchzehe
Salz, Pfeffer, Chiliflocken gemahlen
Olivenöl

Zubereitung:

Kartoffeln nach dem Kochen abkühlen lassen.

Den Käse und die Kartoffeln mit der Gabel zerdrücken und in eine Schüssel geben.

Die Kerne aus den Paprikaschoten entfernen (ist sonst zu scharf).

Die Frühlingszwiebeln und die Paprikaschoten in ganz kleine Würfel schneiden und zu dem Käse und den Kartoffeln geben.

Die Petersilie ganz fein hacken und ebenfalls zur Masse geben.

Zum Schluss noch 150g Joghurt dazu und alles gut durchmischen. Es sollte eine feste aber nicht ganz trockene Masse entstanden sein, ansonsten noch etwas Joghurt dazugeben.

Mit Salz, Pfeffer und Chiliflocken abschmecken.

Jeweils ein Yufkablatt mit etwas Wasser bestreichen und am breiten Ende einen gehäuften Esslöffel der Masse in einem länglichen Streifen verteilen, dabei links und rechts einen Rand frei lassen. Nun das Teigblatt einmal aufrollen, sodass die Masse vom Blatt umschlossen ist. Dann links und rechts die Seiten einschlagen und bis zur Spitze weiter aufrollen.

Etwas Olivenöl in einer Pfanne erhitzen und die Teigrollen rundherum anbraten. Die Seite mit der Spitze sollte immer zuerst gebraten werden, dann hält die Rolle besser zusammen.

Achtung, das Anbraten geht sehr schnell also immer prüfen und dann wenden.

Börek warm oder kalt genießen.

Vegetarisches Fladenbrot

Zutaten: 1 rundes Fladenbrot
200 g Fetakäse
1 rote Zwiebel
Frischkäse
½ Salatgurke
2 Tomaten
Einige Salatblätter (Eisberg, Kopfsalat o.ä.)

Zubereitung:

Das Fladenbrot vierteln und die einzelnen Stücke waagerecht einschneiden, so dass man sie wie eine Tasche füllen kann.

Die Zwiebel in dünne Ringe schneiden, die Gurke und die Tomaten waschen, bei den Tomaten den Strunk entfernen und sowohl Gurke als auch Tomaten in dünne Scheiben schneiden.

Den Fetakäse ebenfalls in Scheiben schneiden.

Die Salatblätter abzupfen und notfalls vom harten Mittelstrunk befreien. Waschen und danach trockenschleudern.

Die Innenseiten der Fladenbrote mit Frischkäse bestreichen und die geschnittenen Zutaten gleichmäßig in die Taschen der Fladenbrotviertel verteilen.

Ruccola - Pesto

Zutaten: Ruccola
Knoblauchzehen (nach Geschmack)
Salz, Pfeffer
Zitrone, unbehandelt (Saft und Schale)
Olivenöl oder Sonnenblumenöl
Parmesan- oder Peccorinokäse
Cashewkerne oder Mandeln(geschält) oder Pinienkerne

Zubereitung:

Knoblauch schälen und kleinhacken.

Zitrone abreiben, etwas Schale abreiben, Saft auspressen.

Ruccola waschen, trockenschleudern, untere dickere Stielenden entfernen.

Knoblauch, Nüsse und Ruccola in einem Mixer sehr klein hacken / pürieren.

Nach und nach Zitrone, Oliven-/Sonnenblumenöl und Parmesan/Peccorino hinzu geben, bis eine homogene Masse entstanden ist.

In ein oder mehrere Gläser füllen und mit weiterem

Oliven-/Sonnenblumenöl begießen, luftdicht abschließen. Im Kühlschrank längere Zeit haltbar.

Kann man auch variieren, statt Ruccola, Basilikum, Petersilie nehmen oder mit anderen Nüssen, Kürbiskernöl, und und und.. mischen.

Lassen Sie Ihrer Fantasie und Ihrem Geschmack beim Ausprobieren neuer Kreationen freien Lauf!

Passt zu Spaghetti, Baguette, Käse etc.

Cookies

Zutaten: 350g Mehl
1 Teelöffel Backpulver
½ Teelöffel Salz
250g weiche Butter
250g Zucker
2 Eier
50g grob zerkleinerte Nüsse nach Geschmack (z.B. Walnüsse, Erdnüsse - nicht gesalzen-, Haselnüsse)
100g grob gehackte dunkle Schokolade

Zubereitung:

Zunächst die weiche Butter mit Zucker, Salz und den Eiern zu einer schaumigen Masse verrühren.
Mehl und Backpulver dazu geben und solange rühren bis ein geschmeidiger Teig entstanden ist.

Schokolade und Nüsse gleichmässig untermischen.

Backblech mit Backpapier auslegen und mit einem Esslöffel Teighäufchen mit genügend Abstand aufbringen und etwas plattdrücken.

Backofen auf 200°C vorheizen und auf der mittleren Schiene ca. 20 Minuten backen.

Zucchinikuchen

Zutaten: 120g weißer Zucker
100g brauner Zucker
3 Eier
1/2TL Weihnachtsgewürzmischung
1/2TL gemahlener Ingwer
1TL Vanillezucker
½ TL Zimt
1 Prise Salz
3TL Backpulver
180g Mehl
1-2EL Kakaopulver
140ml Sonnenblumenöl
300g Zucchini

ca. 3EL Aprikosenkonfitüre
1 Packung Schokoladenglasur

Zubereitung:

Eier und Zucker schaumig schlagen bis eine cremige Masse entstanden ist.

Anschliessend Gewürze, Mehl, Backpulver und Kakao behutsam unterrühren, Öl dazu fügen und alles gut vermischen, am besten mit den Rührbesen des Handmixers.

Zucchini abschälen und fein raspeln, dann unter den Teig heben.
Den Teig in eine gefettete Kasten- oder Springform füllen und bei 170 Grad Umluft etwa 55 Minuten backen.

Den abgekühlten Kuchen mit Aprikosenkonfitüre bestreichen und mit der nach Verpackungshinweisen zubereiteten Schokoladenglasur übergießen.

Schmeckt auch nur mit Puderzucker bestreut!

IV. Kapitel

Was sich liebt, das neckt sich

10. Was sich liebt, das neckt sich

Anna ist mal wieder auf ein Tässchen Kaffee zu mir ins Büro gekommen, da sie gerade in der Nähe zu tun hatte. Max ist im Kindergarten, ich habe im Moment keinen Besprechungstermin, also können wir in aller Ruhe ein Schwätzchen halten.

„Du glaubst nicht, was ich neulich erlebt habe. Ich dachte ja, das gibt es nur im Film, aber das fand live und in Farbe neben mir statt. Ich konnte es nicht fassen. Du kennst doch Andrea, die mit mir damals die Ausbildung gemacht hat. Ich habe sie vor kurzem auf der Party von Tom, du weißt schon, als du auf Max aufgepasst hattest, wiedergetroffen. Also auf jeden Fall ist sie frisch verliebt und wollte mir ihren Freund vorstellen. An dem Abend bei Tom war er leider nicht dabei, da er auf einer Geschäftsreise war, deshalb hat sie mich und Thomas zum Essen eingeladen."

„Andrea, ist das diejenige, die die wunderschönen blauen Augen und die dunklen Haare hat?", ich kann mich noch gut an sie erinnern, denn die Kombination ihrer strahlend blauen Augen und den schwarzen Haaren war aussergewöhnlich.

„Ja, genau, die die du so hübsch fandest. Ist sie übrigens immer noch. Auf jeden Fall sind wir dann zwei Wochen später bei ihr gewesen, ihr Freund Niklas war auch wieder aus Amerika zurück. Ein ganz netter Typ, sehr unterhaltsam. Thomas und ich haben uns wunderbar mit den beiden unterhalten. Zumindest bis das Essen kam, denn was dann passierte, hätte ich nicht für möglich gehalten. Ich dachte echt, so etwas gibt es nur in schlechten Filmen.

Also auf jeden Fall stand das Essen auf dem Tisch, kurz darauf folgte ein Gespräch zwischen Niklas und Andrea, das sich ungefähr so anhörte:

„Wie schmeckt's?"
„Ja, ganz gut."
„Nur ganz gut?"
„Na ja, vielleicht ein bisschen viel Salz!"
„Also schmeckt es nicht?"
„Ja, doch..nur.."
„Ja natürlich, deine Mutter kocht besser!"
„Hab ich nicht gesagt!"
„Aber gedacht!"
„Nein!"
„Doch, ich weiß es genau!"
„Wenn du eh alles besser weißt, dann habe ich es eben gedacht"
„Dann zieh doch wieder zu deiner Mutter, wenn ich sowieso alles falsch mache!"
„Mach ich auch, wenn es so weitergeht!"
„Dann geh doch!""

Anna wühlt der Gedanke an den Abend immer noch sichtlich auf: "Ich weiss jetzt auf alle Fälle, was Fremdschämen bedeutet. Thomas und mir war die Situation so peinlich, wir wussten gar nicht, was wir machen sollten. Ich kann dir sagen, wir waren froh als wir gehen konnten, denn die Stimmung war danach, wie du dir ja vorstellen kannst, vollkommen im Eimer! Also so seltsam gestritten haben Thomas und ich noch nie, das war ja das reinste Kaspertheater!"

„Ich kann mir lebhaft vorstellen wie ihr euch gefühlt habt, keiner ist gerne Zuhörer bei solch einer Unterhaltung. Aber sei nicht so vorschnell in deiner Behauptung, dass ihr beiden nicht so streiten würdet. Klar, war das ein Beispiel wie aus dem Bilderbuch, aber so selten ist diese Art von Streit jedoch gar nicht."

„Du willst doch nicht behaupten, daß Thomas und ich uns so kindisch streiten!" faucht Anna mich an.

„Kindisch ist der falsche Ausdruck....", weiter komme ich nicht.

„Also ich kann mich jetzt plötzlich auch nicht mehr ausdrücken, jetzt weiß ich endlich, was du von meiner Intelligenz hältst."

„Aber das habe ich doch gar nicht gemeint", versuche ich Anna zu beruhigen, aber sie hat sich in Rage geredet.

„Jetzt versuch nicht dich raus zu reden. Höchstwahrscheinlich bin ich zu deppert für deinen hochintelligenten Sohn, sags doch gleich."

„Anna, ganz bestimmt nicht, du weisst genau, daß ich dich über alles liebe und sicher nicht möchte, daß du denkst, ich könnte mir eine andere Frau für Thomas vorstellen. Du bist das Beste, was ihm und auch mir, passieren konnte. Habe ich es richtig verstanden, dass du gemeint hast, ich kritisiere deine Ausdrucksweise?"

Plötzlich fängt Anna fürchterlich an zu lachen: „Oh meine geliebte Schwiegermama, reingefallen und gleichzeitig den Test bestanden. Es freut mich, dass es mir gelungen ist, dich an der Nase herum zu führen. Als du vorher gesagt hast, dass diese Art von Streiten gar nicht so selten ist, ist mir das auch irgendwie aufgefallen. Und wie du siehst, ich kann es ganz gut."

„Du Biest, du hast mich ja ganz schön geleimt, ich dachte wirklich, du bist am Ausflippen. Ich wusste noch gar nicht, dass du schauspielerisch so begabt bist, ich bin ganz schön erschrocken, dass du es anscheinend so aufgefasst hattest, dass es dich so verletzt hat", erleichtert sehe ich Anna an. „Du bist und bleibst eben meine beste Schwiegertochter aller Zeiten! Aber warum habe ich den Test bestanden? Welchen Test?" fragend blicke in Annas Richtung, die mich lachend in den Arm nimmt.

„Den Trainer-Eigenwissen-Anwendungstest!" Anna lacht aus vollem Hals und freut sich wie ein kleines Mädchen über ihren gelungenen Streich. „Ich wollte eben mal sehen, ob du deine eigenen Regeln auch selbst anwendest, aber keine Bange, du hast den Test bestanden."

„Was habe ich denn gemacht?", irgendwie kann ich mich nicht so genau erinnern, denn meine Aufmerksamkeit hat durch Annas gekonnten Auftritt doch stark gelitten.

„Ich glaube, du wirst langsam alt", flachst Anna und grinst mich an. "Du hast schön brav meinen Vorwurf wiederholt und in eine Frage, ob du es denn richtig verstanden hättest, verpackt. Also du hast deine Hausaufgaben gemacht!"

„Du bist ja hinterlistiger als ich dachte. Also Anna, das mit der Wunsch-Schwiegertochter muß ich mir nochmals genau überlegen!" Ich kann mir meine ironische Bemerkung nicht verkneifen, aber ich weiß ja, dass Anna es richtig versteht. „Aber ich bin froh, dass ich mich nicht blamiert habe."

„Du hast uns schließlich oft genug erklärt wie wichtig Zuhören ist oder aktives Zuhören, wie du das nennst, bei dem jedenfalls ersichtlich ist, dass das Gesagte auch beim Gegenüber ankommt. Wie du siehst, bin ich eine aufmerksame Zuhörerin."

„Daran habe ich auch nie gezweifelt, denn schließlich verfügst du über die wichtigste Grundvoraussetzung fürs aktive Zuhören, nämlich Empathie für deine Mitmenschen!"

Wir gönnen uns beide noch ein Stück von dem wunderbaren Apfelkuchen mit den Walnüssen, von dem ich zufällig noch etwas im Büro habe und amüsieren uns noch eine ganze Weile über das zurückliegende Gespräch.

11. Streitrezepte –

Was sich liebt, das neckt sich

Wieviel Zeit haben wir schon mit unnötigem Streiten verbracht, nur weil wir nicht genau verstanden haben, was der Andere gesagt hat.

Wir hören ein Signalwort wie z.B. „zu spät" und schon schlagen die inneren Alarmglocken aus. Ohne Nachdenken poltern wir los, reimen uns selbst zusammen, was der Andere wohl gerade gesagt hat und schon ist ein Streit entstanden, der eigentlich gar nicht notwendig ist.

Grundvoraussetzung für einen Streit, der auch Sinn macht, ist immer das richtige Verstehen, das Zuhören.

Zuhören beim Streiten ist in der Regel sehr schwer, da keiner der Beteiligten mit absolut klarem Kopf an die Sache herangeht. Umso wichtiger ist es, dass im Vorfeld bestimmte Regeln aufgestellt werden, die im Ernstfall mit reichlich Übung unbewusst abgerufen werden können.

Wie immer in Gesprächen, ist es wichtig nachzufragen, ob die Äußerung auch richtig verstanden wurde.

Am einfachsten geschieht dies durch Formulierungen wie:

„Habe ich es richtig verstanden, dass du sauer auf mich bist, weil……"

„Du denkst also, dass ich….."

„Sehe ich es richtig, du möchtest mir sagen….."

Aber natürlich darf am Ende dieser Sätze kein Kommentar stehen der den Anderen beleidigt. Versuchen Sie sachlich zu bleiben trotz der enormen Anspannung, der Verlauf der Diskussion wird Sie belohnen.

Durch das Wiederholen der Punkte des Gegenübers zeigen Sie bewusst, dass Sie an dem, was gesagt wird, Interesse haben, dass Sie aufmerksam zuhören.

Gleichzeitig vermeiden Sie, dass der Streit durch unnötige Missverständnisse aus dem Ruder läuft. Nur so lohnt sich ein Streit, da es die Möglichkeit zur Verbesserung der Situation, zur Klärung eines Missverständnisses gibt.

Ein ganz wichtiger Punkt, der in diesem Fall Bedeutung hat, ist Empathie. Dabei ist es nicht gewollt sich vollkommen in den Anderen hinein zu versetzen, die Sache aus seiner Perspektive zu betrachten, da dies ohne die Werte und Gefühle des Anderen vollständig zu kennen, nicht möglich ist. Jedoch ist eine Lösung sehr viel leichter zu zufinden, wenn man versucht die Sichtweise des Anderen zu verstehen.

Sicher ist es nicht immer möglich, die Beweggründe des Gegenübers nachzuvollziehen, aber in engen Beziehungen, sei es in der Familie oder in der Berufswelt, ist es unumgänglich, die Werte und persönlichen Einstellungen des Gegenübers zu kennen, zumindest in den Bereichen, in denen beide Seiten miteinander auskommen sollten.

Was ist ihm/ihr wichtig?

Hat er/sie dieselben Vorstellungen?

Ist für ihn/sie z.B. Pünktlichkeit genauso wichtig wie für mich?

Erst wenn Sie aus der Wertevorstellung der anderen Seite heraus die Angelegenheit betrachten, können Sie die Tragweite und den Grund des Konfliktes erkennen und richtig einschätzen.

Zuhören und Empathie sollten in keiner „Streitmahlzeit" fehlen, denn sie sind die wichtigsten Zutaten in Ihrer Streitrezeptsammlung.

12. Kochrezepte -

Was sich liebt, das neckt sich

Gemeinsam Kochen ist ein großer Spaß, wenn jeder seine Aufgabe hat. Kein heilloses Durcheinander, sondern ein Aufteilen der Aufgaben wie in einer Sterneküche und das Vergnügen kommt von allein.

Nicht umsonst werden Küchenparties immer beliebter, auch in der Sternegastronomie gibt es ausreichend Gelegenheit, solche Events mitzuerleben. Auch wenn Sie bei dieser Gelegenheit nicht selbst Kochen müssen!

Gönnen Sie sich die Freude und kochen Sie gemeinsam mit Ihrem Partner und/oder Ihren Freunden.

Guten Appetit!

Hähnchen mit Spinatkruste

Zutaten: 4 Hähnchenbrustfilets
1 Essl. Butterschmalz
4 Scheiben Bacon
Olivenöl für Auflaufform
1 Dose geschälte Tomaten
300 g TK- Blattspinat
1 Zwiebel
2 Knoblauchzehen
2 Essl. Semmelbrösel
2 Essl. Creme fraîche
Salz, Pfeffer, Chili, Oregano

Zubereitung:

Zwiebel schälen und klein würfeln, Knoblauchzehen schälen und in dünne Scheiben schneiden, Bacon ebenfalls in dünne Streifen schneiden.

Butterschmalz in einer Pfanne erhitzen.

½ Zwiebel gemeinsam mit Hähnchenbrustfilets und Bacon kurz in der Pfanne anbraten.

Saft der Tomaten in eine mit Olivenöl ausgepinselte Auflaufform geben, die Tomaten kleinschneiden und ebenfalls in die Auflaufform geben und gleichmässig auf dem Boden verteilen.

Knoblauchscheiben sowie die rundum angebratenen Hähnchenbrustfilets mit den Zwiebeln und dem Bacon ebenfalls in die Auflaufform geben. Salzen, Pfeffern und im Backofen, mittlere Schiene bei 200° ca. 10 Minuten garen.

In der Zwischenzeit den Blattspinat waschen und grob hacken.

Die übrige ½ Zwiebel kurz andünsten, den gehackten Spinat dazu geben und kurz zusammenfallen lassen.

Mit Salz, Pfeffer, Oregano, Chili würzen. Semmelbrösel und Creme fraîche untermischen.

Hähnchenbrustfilets aus dem Ofen nehmen, Spinatmasse auf die Filets verteilen und nochmals 5-10 Minuten im Backofen weitergaren.

Servierfertig, wenn die Hähnchenbrustfilets durchgegart sind.

Frisches Baguette dazu und guten Appetit!

Kürbis-Kokos-Suppe

Zutaten: 1 kleiner Hokkaidokürbis
1 Zwiebel
1 große Kartoffel
3 Möhren
250ml Orangensaft
250ml Wasser
1 Dose Kokosmilch
1 Chilischote
1 Stück Ingwer
1 Knoblauchzehe
Salz, Pfeffer
Curry, scharf oder mild
1 Esslöffel Sonnenblumenöl

Zubereitung:

Den Kürbis teilen und die Kerne entfernen, anschliessend in Würfel schneiden. Karotten putzen und Kartoffel schälen, ebenfalls in Würfel schneiden.

Zwiebel, Ingwer und Knoblauch in feine Ringe bzw. Scheiben schneiden. Die Chilischote halbieren, Kerne entfernen und in Streifen schneiden.

In einem großen Kochtopf das Öl erhitzen und die Zwiebel mit dem Knoblauch glasig dünsten.

Anschließend Kürbis, Kartoffel, Karotten, Chili und Ingwer in den Topf geben, salzen und pfeffern und mit Orangensaft und Wasser begiessen.

Kurz aufkochen lassen und dann bei geringer Hitze ca. 25 Minuten köcheln lassen.

Wenn das Gemüse weich ist, die Kokosmilch zugeben und mit Currypulver nach Geschmack würzen.

Mit dem Pürierstab pürieren und nochmals abschmecken.

Mit einem Löffel geschlagener, ungesüsster Sahne servieren.

Salbeinudeln

Zutaten: 500g Spaghetti

20 frische Salbeiblätter

etwas Olivenöl

150g Parmesan

Zubereitung:

Salzwasser in einem großen Kopftopf zum Kochen bringen und die Spaghetti nach Packungsanweisung bissfest kochen.

Die Salbeiblätter vorsichtig von den Stielen zupfen und in feine Streifen schneiden.

In einer Pfanne das Olivenöl bei mittlere Temperatur erhitzen und die Salbeiblätter darin kurz anrösten.

Vorsicht, denn die Blätter verbrennen sehr schnell!

Bissprobe bei den Spaghetti machen und in einem Sieb abgiessen, dabei das Nudelwasser in die bereitgestellte Servierschüssel ablaufen lassen, so ist die Schüssel gut erwärmt.

Wasser aus der Schüssel abgiessen und die Spaghetti sofort in die Schüssel geben und mit dem geraspelten Parmesan vermischen.

Die gerösteten Salbeiblätter auf den Käsenudeln verrteilen.

Käsegebäck

Zutaten: Für den Teig:

300g Weizenmehl
1 Prise Salz
200g Butter
2 EL Milch
1 Ei
75g Speisestärke
1 Teelöffel Backpulver
1 Eigelb
je 1Msp. Paprikapulver & Pfeffer
150g geriebener Käse

Für die Dekoration:
1 Eigelb
1 EL Milch
Sesam, Kümmel, Walnusshälften, Mandeln

Zubereitung:

Für den Teig Mehl, Speisestärke und Backpulver in einer Schüssel vermischen und mit dem Käse vermengen vermengen.

Gewürze, Eigelb, Ei und Milch hineingeben und mit dem Knethaken des Handrührgerätes zu einem einheitlichen Teig verarbeiten.

Die zimmerwarme Butter dazugeben, alles erneut zu

einem glatten Teig verkneten und dann eine Stunde kaltstellen.

Den Teig aus dem Kühlschrank nehmen, auf einem bemehlten Backbrett ausrollen und verschiedene Formen ausstechen.

Auf ein Backblech mit Backpapier geben, zweimal mit einer Gabel einstechen, mit dem verquirlten Eigelb bestreichen und mit Parmesankäse, Sesam, Mandeln o.ä. dekorieren.

Bei 180°C im vorgeheizten Backofen ca.10 Minuten backen.

Borschtsch

Zutaten : 500 g Rindfleisch zum Kochen
(z.B. Tafelspitz, Brustkern, Hochrippe etc., auf alle Fälle mit Fett durchwachsen wegen des Geschmacks)
Salz, Pfeffer
1 Knoblauchzehe
1 Zwiebel
2 Mohrrüben
3 Kartoffeln
2 rote Rüben
½ Weißkohl
1 Dose ganze geschälte Tomaten
40g Butter
Essig
gehackte Petersilie
¼ Liter saure Sahne

Zubereitung:

Das Rindfleisch waschen und in Würfel schneiden, danach mit etwa ½ Liter Wasser, Salz und der zerdrückten Knoblauchzehe für 30 Minuten kochen lassen.

Die Zwiebel fein hacken und die Karotten in Würfeln schneiden.

Die Kartoffeln schälen und in mundgerechte Stücke teilen.

Rote Rüben schälen und ebenfalls in mundgerechte Stücke schneiden. Hierzu am besten Haushaltshandschuhe anziehen, da diese stark färben.

Den Weißkohl vom Strunk befreien und in feine Streifen hobeln.

Die Tomaten abgiessen, den Saft dabei auffangen, klein würfeln.

Das Gemüse in Fett anrösten und dann in die Fleischsuppe geben.

Diese bei schwacher Hitze kochen lassen bis das Fleisch und das Gemüse gar sind.

Die Suppe mit Salz, Pfeffer und Essig abschmecken, die feingehackte Petersilie hinzugeben und kurz vor dem Servieren die saure Sahne darübergeben.

Apfelkuchen mit Walnüssen

Zutaten: 250g Butter
200g Zucker
1 Päckchen Vanillinzucker
4 Eier
125g Weizenmehl
125g Speisestärke
1 Teelöffel Backpulver
100g Walnusskerne
6-8 Äpfel, je nach Größe
Puderzucker

Zubereitung:

Die zimmerwarme Butter glatt rühren und den Vanillinzucker und den Zucker unterrühren.

Anschließend die Eier nach und nach unterrühren.

Das Mehl, die Speisestärke und das Backpulver mischen, sieben und esslöffelweise unterrühren. Den Teig gut 5 Minuten mit dem Rührbesen des Handmixers glatt rühren.

Den Teig in eine gebutterte Springform füllen und glatt streichen.

Die Walnusskene grobhacken, die Äpfel schälen, vierteln, entkernen und zuerst die Nüsse ,danach auch die Äpfel gleichmäßig auf den Teig verteilen.

Den Kuchen bei 180° für ca. 1 Stunde in den Backofen geben.

Nach dem Abkühlen mit Puderzucker bestreuen.

V. Kapitel

Eine Reise, die ist lustig……

13. „Eine Reise, die ist lustig......"

Die schönste Zeit des Jahres ist anscheinend der Urlaub, aber ich habe da so meine Zweifel. Gerade habe ich wieder Gelegenheit mich vom Gegenteil überzeugen zu lassen. Es sind mal wieder meine Dienste als Kindermädchen gefragt. Thomas möchte direkt nach der Arbeit mit Anna ins Reisebüro um sich nach einem schönen Urlaub im Sommer umzuschauen.

Zuhause haben die Zwei schon einige Kataloge gewälzt, aber irgendwie gibt es anscheinend nichts, was ihren Ansprüchen gerecht wird und zudem noch bezahlbar ist. Auch der Blick ins Internet hat bisher nicht zum gewünschten Erfolg geführt.

Das Problem ist nicht nur das dafür vorhandene Budget, sondern vor allem auch die Tatsache, dass Thomas in den Bergen und Anna am Meer urlauben wollen. Aber damit nicht genug, Thomas sucht im Urlaub absolute Entspannung durch ausgiebige Wanderungen und Anna liebt es, jedes Museum und jede Kirche zu besuchen, die sich im Umfeld ihres Urlaubsortes befindet.

Wie in aller Welt soll dieses Problem gelöst werden?

„Ich habe schon aufgehört daran zu glauben, dass es eine passable Lösung gibt. Unsere Urlaubsvorstellungen sind einfach zu verschieden. Einfach ist wohl das falsche Wort, denn einfach ist was anderes und nicht die Urlaubsplanung mit deinem Sohn!", stöhnt Anna als sie sich gerade noch eine Tasse Kaffee mit mir in der Küche gönnt.

„Jetzt haben wir schon so lange gesucht und nichts gefunden, entweder war es nichts für Thomas oder nichts für mich. Oder es war total ungeeignet für Max, denn der soll sich ja auch wohlfühlen. Und wenn wir dann schon fast am Ziel waren etwas zu finden, das uns allen gerecht wird, war der Preis jenseits aller Reserven, die wir haben."

Mit einem tiefen Seufzer leert Anna ihre Kaffeetasse und steht auf. „Aber wie heisst es so schön: Die Hoffnung stirbt zuletzt! Und Urlaub auf Balkonien und mit unserem Gemüseacker ist ja auch nicht so schlecht." Aber irgendwie klingt es nicht ganz überzeugend, was sie sagt.

„Jetzt mußt du eben ganz fest dran glauben, dass ihr im Reisebüro an eine kompetente Beratung kommt und glücklich und zufrieden nach Hause kommt", versuche ich Anna aufzumuntern.

Sie aber äfft mit einem zickigen Unterton zurück: „Und wenn sie nicht gestorben sind, dann hoffen sie noch heute!"

„Jetzt sei mal nicht so pessimistisch, auch Märchen werden manchmal wahr. Jetzt geh los, ich pass solange auf euren Schatz auf. Lasst euch ruhig Zeit, ich habe heute keine Termine mehr, am besten ihr steht erst auf im Reisebüro, wenn ihr etwas Passendes gefunden habt."

Anna zieht sich schnell Schuhe und Jacke an, Max bekommt noch einen Kuss auf die Backe und schon verschwindet sie durch die Haustür.

„Jetzt sind wir mal gespannt, ob Mama und Papa mit einer Lösung nach Hause kommen, Max. Was möchtest du denn am liebsten im Urlaub machen, mein Schatz?"

„Spielen!", lautet die eindeutige Antwort. Kinder sind eben nicht so kompliziert wie Erwachsene, einfache und direkte Ansagen!

„Diesen Wunsch kann ich dir sogar gleich erfüllen, du holst deine Autokiste und ich schaue nach der Parkgarage, dann können wir hier auf dem Wohnzimmerboden eine Autostrasse aufbauen." „Super Omi, du bist toll, ich flitze schon los, bin gleich wieder da, dann geht's los!"

Mit Indianergeheul rennt Max ins Kinderzimmer um seine Autos zu holen. Die Autogarage habe ich vorher schon im Flur gesehen, also nichts wie her damit.

Als Max aus seinem Zimmer gestürmt kommt, habe ich die Garage schon aufgebaut. „Omi, schau mal, hab ich ganz neu, ist der nicht toll?" Max schwenkt ein Wohnmobil vor meinen Augen auf und ab.

„Ja, das ist ja ein tolles Fahrzeug, woher hast du das denn?"

„Haben mir Mama und Papa geschenkt als wir neulich in der Stadt waren. Einfach so! Ich finde den super toll!"

Max steht die Begeisterung ins Gesicht geschrieben.

Später wird dieses Auto noch eine ganz andere Bedeutung erhalten – Nomen est omen oder warum in die Ferne schweifen, wenn das Gute ist so nah!

Zwei Stunden tummeln sich Max und ich auf dem Fußboden, fahren über ausgedachte Strassen, tanken an der Autogarage, lassen die Autos nach oben fahren, damit sie dann ganz schnell wieder hinterflitzen können oder wir stellen sie in die Autowerkstatt. Dann fängt mein Rücken an zu streiken, gemeinsam mit Max, der nun wohl auch genug gespielt hat, räume ich die Autos in die Kiste und dann stellen wir die Garage zurück an ihren Platz im Flur und die Autokiste kommt wieder in das Kinderzimmer.

In dem Moment geht die Haustür auf und Anna und Thomas stehen in der Tür. „Au weia, jetzt wird die Stimmung holderdiepolter in den Keller gehen", ist mein erster Gedanke.

Aber was ist das!

Zwei zufriedene Gesichter strahlen mich an! Max rennt auf seine Eltern zu und lässt sich erst mal ausgiebig knuddeln. Anna bemerkt als Erste meinen etwas ratlosen, überraschten Blick. „Du glaubst es nicht, aber wir haben wirklich unseren Traumurlaub gefunden, der Typ im Reisebüro dachte zwar am Anfang, daß wir spinnen und ihn vor eine etwas absurde Aufgabe stellen. Ich glaube, der dachte zuerst an *Versteckte Kamera* oder so. Wir erzählten ihm wirr durcheinander von unseren Urlaubswünschen."

Thomas fällt Anna ins Wort: „ Ja, und um so mehr wir erzählten um so ungläubiger schaute er uns an. Ich glaube, bei den gegensätzlichen Vorstellungen, die wir zum besten gaben, überlegte er eher, ob er eine Adresse von einem Scheidungsanwalt wusste, als dass er über konkrete Urlaubsangebote nachdachte."

Anna erzählt mit glühenden Wangen weiter: „Nachdem wir dann fertig waren mit unseren Erklärungen zu unseren Urlaubswünschen, war erst einmal alles ruhig, selbst die Kunden und die Beraterin am Nebentisch mussten sich, glaube ich, von unseren Extremwünschen erholen."

„ Ja, der Berater sah mich irgendwie ungläubig an und meinte dann irgendwie: *Wenn ich das jetzt richtig verstanden habe, suchen sie so etwas ähnliches wie ein Bauernhaus mitten auf dem Kudamm und das Ganze als Urlaub?* Ich glaube, der hatte bestimmt noch nie so viele Denkfalten auf der Stirn!"

Noch jetzt kann ich sehen wie Thomas sich über das Gesicht des Beraters amüsiert haben muss. Er fährt auch gleich weiter in seiner Schilderung: „ Er hat dann zuerst Mal Luft geholt und versucht zusammenzufassen, was wir uns für unseren Urlaub alles wünschen: Zurückgezogenheit und Trubel, Kultur und Natur, Berge und Meer. Irgendwie, meinte er, daß er froh sei, daß wir nicht noch mehr Wünsche hätten.

Anna und ich haben uns angesehen und dann haben wir fast gleichzeitig gesagt: Doch eigentlich schon, wir haben auch noch einen Sohn und dem sollte der Urlaub natürlich auch noch gefallen! "
Anna kann kaum noch sprechen vor lauter Lachen: „Ich glaube, der arme Mann nimmt jetzt erst mal drei Wochen Erholungsurlaub!"

Thomas erzählt weiter, denn Anna muss sich erst mal von ihrem Lachanfall erholen. „Auf alle Fälle hat er gemeint, er hätte ja schon viele Kundenwünsche gehört, aber so extrem gegensätzliche kämen zum Glück doch extrem selten vor."

Anna hat inzwischen wieder genügend Luft um weiter zu erzählen: „ Also auf alle Fälle hat er gemeint, wenn er dieser Herausforderung nicht gewachsen wäre, dann würde er seinen Job aufgeben, das wäre jetzt seine Meisterprüfung. Wir haben förmlich gesehen wie seine Hirnwindungen gearbeitet haben, er konzentrierte sich auf seinen Bildschirm. Dazwischen gab es ab und zu ein leises Gemurmel wie *ach nee, ach ja, warum denn nicht gleich, das geht doch nicht.* Nach gefühlten drei Stunden war dann plötzlich ein Strahlen auf seinem Gesicht zu sehen. *Ich glaube, ich hab`s!* .Diese Worte kamen aus seinem Mund als hätte er gerade den Stein der Weisen gefunden. *Schauen Sie sich doch mal dieses Angebot an!.*"

„Am Anfang verstanden wir Beide gar nicht so genau, was das sollte," Thomas erzählt jetzt mit seinem breitesten Grinsen, das er zustandebringen kann, weiter.

„Da stand etwas von Wohnmobil, Schwarzwald, Frankreich, Spanien, irgendwie verwirrend."

„Ja, wir befürchteten ja schon, dass der Berater jetzt verrückt geworden ist wegen unseren seltsamen Vorstellungen von Urlaub!", wirft Anna dazwischen ein.

Nun kommt Thomas richtig ins Schwärmen:" Die Idee war, sorry ist, aber richtig genial, ich hätte den Typ

knutschen können, wenn er kein Mann gewesen wäre!"
„Na, da habe ich ja nochmal Glück gehabt!" Anna freut sich wie ein Honigkuchenpferd.

„Jetzt erzählt doch endlich wie euer Urlaub aussehen wird!" So langsam aber sicher platze ich vor Neugier. Max sieht seine Eltern vollkommen entgeistert an. Ich glaube, er überlegt, ob das wirklich seine Eltern sind.

„Eigentlich ist es doch ganz einfach", Anna strahlt Thomas an und lässt ihn weitererzählen.

„Ja, also, wir mieten ein Wohnmobil und dann geht es los. Zuerst fahren wir Richtung Frankreich, dank unserer mobilen Unterkunft können wir das ganz in Ruhe machen. Und zwar fahren wir zunächst in die Ardeche, das ist schon ein ganz schönes Stück der Strecke, im Süden Frankreichs.

Dort gibt es Felsen in absolut gigantischen Strukturen, nicht einfach nur Berge. Von dem gebuchten Campingplatz aus haben wir auch die Möglichkeit auf dem Fluss Kanu zu fahren. Wir haben Bilder gesehen, einfach traumhaft!"

Thomas' Grinsen wird immer breiter. „ Ja und Wasser in Form eines Swimmingpools gibt es auch, das heisst, wir können dort auch schwimmen.

Kulturell ist es auch interessant, wir können ins Lavendel-Museum oder eine alte Seidenspinnerei besichtigen. Wir werden dort vier Tage bleiben, aber dann geht es weiter Richtung Spanien zu einem tollen Platz mit viel Kinderprogramm direkt am Meer."

Thomas beugt sich zu Max: „ Da wirst du ganz viele Freunde zum Spielen finden."

„Au ja, Spielen, das habe ich mir gewünscht! Aber Papa, warum sagst du immer Wohnmobil, wir haben doch ein Auto und kein Wohnmobil?"

„Max, das ist das Auto, mit dem wir unseren Urlaub machen, weißt du, da kann......", weiter kommt Thomas nicht, denn Max verschwindet wie der Blitz. Anna blickt ihm verwundert nach, aber ich ahne schon, was gleich zum Vorschein kommen wird.

„Aber das ist noch lange nicht alles, Barcelona ist mit einem Tagesausflug zu erreichen, ich wollte immer schon mal die Bauwerke von Antonio Gaudi sehen", schwärmt Anna weiter, „und Figueres ist auch nicht weit."

Fragend sehe ich Anna an. „ Da befindet sich das Dali-Museum und du weißt, wie sehr ich seine Bilder mag!"

„Also, so langsam verstehe ich, weshalb ihr so aus dem Häuschen seid, da ist ja wirklich für alle gesorgt, jeder hat etwas, worauf er sich freuen kann."

Irgendwie bin ich richtig neidisch auf den Reisebürotypen, denn er scheint aus dem Bauch heraus der geborene Mensch für Vorschläge im Bereich Konsens zu sein, was eigentlich gar nicht so einfach ist, nicht mal für mich als Fachfrau.

„Aber das war ja noch gar nicht alles, also wir werden zehn Tage in Spanien bleiben und dann machen wir uns startklar für die Rückfahrt. Allerdings endet die zunächst für vier Übernachtungen im Schwarzwald, da haben wir wieder einen wunderschönen Campingplatz mit Schwimmbad, es gibt tausend Möglichkeiten um Wanderungen zu machen, in allen erdenklichen Schwierigkeitsstufen, da können wir auch mit Max los oder ich auch mal alleine auf eine schwierigere Tour."

Anna übernimmt das Weitererzählen: "Und ich lasse mich dafür mal im Wellnessbereich so richtig verwöhnen, du siehst, für alle ist gesorgt. Für Max gibt es noch einen Bauernhof in der Nähe, bei dem viele Mitmachaktionen angeboten werden, einfach genial!"

Plötzlich stürmt Max zwischen uns und streckt uns mit glühenden Wangen sein Wohnmobil entgegen: „Ist das so was, fahren wir wirklich mit so was?" Erwartungsvoll sieht er seine Eltern an.

„Ja klar!", kommt es im Chor von Anna und Thomas, dann ist Max nicht mehr zu halten. Er hüpft von einem Bein aufs andere und lacht und jubelt. So sieht wahre Vorfreude aus.

Die Buchung dieser Reise ist für mich mal wieder das beste Beispiel dafür, dass auch Gegensätze zu einem guten Resultat führen können, wenn man nur lange genug sucht und sich notfalls auch von außen helfen lässt.

Also ich könnte den Herrn aus dem Reisebüro knutschen und ich überlege mir, ob ich vielleicht einfach mal bei ihm vorbei gehe und mich mit einem riesigen Blumenstrauss für die überaus gelungene Ausarbeitung dieses Konsenses bedanke.

Ich finde, das hat er sich redlich verdient.

4. Streitrezepte –

Eine Reise, die ist lustig ....

- „Nur ein einvernehmliches Ende ist ein gutes Ende!"
- „Lediglich wenn am Schluss alle Teilnehmer einer Meinung sind, dann hatte die Diskussion einen Sinn!"
- „Ein Streit, bei dem sich die Parteien nicht einigen, ist sinnlos, dann muss ich ja erst gar nicht streiten!"

Diese Vorstellung eines gelungenen, guten Endes einer Diskussion, einer Auseinandersetzung oder einer Zielfindung ist weit verbreitet.

Aber ist sie die allein glücklich Machende?

Sicherlich dann, wenn die Argumente der einen Seite der anderen Seite so logisch erscheinen, dass die eigene Argumentation, der eigene Standpunkt nicht mehr sinnvoll erscheint.

Jedoch muss das Ergebnis nicht immer einheitlich sein. Jeder Einzelne hat ein Recht auf seine eigene Meinung, sei es im privaten als auch im beruflichen Umfeld. Es ist wichtig die Werte, die Wünsche jedes Beteiligten, also z.B. im Bereich der Arbeitswelt nicht nur die des Arbeitnehmers, des Teamleiters etc. sondern auch die Belange des Unternehmens, mit einzubeziehen. Es muss grundsätzlich keine uneingeschränkte Übereinstimmung erfolgen, wichtig ist lediglich die Respektierung der Meinung, der Belange des Gegenübers.

In solchen Momenten ist es wichtig einen Kompromiss oder einen Konsens zu finden, da ansonsten der Konflikt, die Meinungsverschiedenheit , wenn nicht offen so doch unterschwellig, weiter schwelt.

Eine Konsensentscheidung ist grundsätzlich die beste Lösung ohne die eine oder die andere Partei gravierend zu ungewollten Zugeständnissen zu drängen.

Ein Konsens ist meist nicht in kurzer Zeit zu erreichen, sondern benötigt von allen Parteien ein Höchstmaß an Kreativität, Ausdauer und Empathie.

Ohne die Fähigkeit sich in andere Wünsche und Vorstellungen einzufühlen oder besser ausgedrückt, sie dem Sinn und der Wichtigkeit für den Anderen nach zu verstehen, ist kein Konsens möglich. In diesem Fall führt die Konsensfindung zwangsläufig zu einem „faulen Kompromiss", der dann zu Lasten einer Seite geht.

> *„Na, dann macht es eben so, Hauptsache wir können endlich nach Hause gehen!"*

„Dann gebe ich eben nach, ist ja eh immer so!"

Bei diesen Endergebnissen ist der Misserfolg definitiv ebenso vorprogrammiert wie der nachfolgende Konflikt. Dies heißt jedoch nicht, dass ein Konsens immer notwendig ist, dies wäre letztendlich auch viel zu zeitintensiv. Sie müssen sich im Vorfeld genau überlegen, ob sich eine grundlegende Auseinandersetzung lohnt.

Dies ist sicherlich nicht der Fall bei Themen, die nur von kurzem Belang sind und keine einschneidende Wirkung auf die weitere Lebensqualität haben.

Eine Konsensentscheidung zu suchen für einen einmaligen Streit ums Fernsehprogramm wäre sehr unproduktiv, denn bis der Konsens steht, ist längst der Abspann des Films gelaufen. In diesem Fall genügt ein Kompromiss im Sinne von „Heute du, Morgen ich!".

Falls es jedoch ständig zu einer Auseinandersetzung über die Programmauswahl kommt, die Situation sich auf die allgemeine Stimmung auswirkt und sich der Streit bereits zum Ritual entwickelt hat, wird es höchste Zeit für einen Konsens.

Suchen Sie sich eine passende Gelegenheit, es sollte genügend Zeit vorhanden sein. Schaffen Sie eine ruhige Umgebung und gehen Sie gelassen an die Diskussion. Es geht jetzt nicht um gewinnen oder verlieren, sondern um eine langfristige Lösung, die beide Seiten zufrieden stellt.

Wichtig ist dabei, dass die angesprochenen Punkte unter strikter Einhaltung der bisher ausgeführten Streitregeln vorgetragen werden. Körperhaltung, Sprachwahl und auch die Stimmlage haben hierbei ebenso großen Einfluss auf die Möglichkeit einen effektiven Konsens zu finden wie auch die richtige Wortwahl bei der Fragestellung und der anschließenden Diskussion.

Sicher ist es möglich mal kurz Dampf abzulassen, aber immer unter der Prämisse, den Anderen nicht so zu verletzen, dass eine weitere Diskussion unmöglich wird. Aus diesem Grund ist es unumgänglich, die eigenen Ansichten zu begründen und die dabei entstehenden Gefühle zu schildern. Nur dann hat die andere Seite die Möglichkeit, die dargestellte Position zu verstehen.

Einen Konsens zu erzielen ist eine schwierige und zeitraubende Angelegenheit, lohnt sich jedoch, da danach latent lauernde Konflikt- und Streitpunkte endgültig gelöst sind, zumindest wenn der Konsens von beiden Seiten eingehalten wird.

Als Fazit lässt sich somit festhalten, dass beide Seiten bei einem immer wiederkehrenden Problem von einem Konsens profitieren, wenn die Wünsche und Werte des eine Übereinstimmung sondern durch das Verständnis der Meinung des Anderen erreicht.

Das Ergebnis muss letztendlich, gleichgültig, wie sich dies erreichen lässt, so aussehen, dass sich Alle in der Entscheidung wiederfinden.

Ganz wichtig hierbei ist:

Scheuen Sie sich nicht einen unparteiischen Dritten ins Boot zu holen um eine für Alle zufriedenstellende Lösung zu finden getreu dem Motto:

„Ende gut, alles Gut!"

15. Kochrezepte –

„Eine Reise, die ist lustig...."

Gutes Essen, gemütliche Abende bei einem Glas Wein, das sind die schönen Erinnerungen an einen gelungenen Urlaub, selbst, wenn nicht alle Tage so ganz harmonisch wie gewünscht verlaufen sind. Schließlich trefffen im Urlaub viele verschiedene Wünsche aufeinander.

Genauso viele verschiedene Gewürze, Gerüche und Geschmackserlebnisse begleiten uns in der Erinnerung an die unvergessliche Reise.

Träumen Sie sich mit den einfachen Gerichten aus den Urlaubsregionen der Familie aus den Erzählungen zurück in ihren letzten Urlaub und entfliehen Sie ihrem Alltag, wenn auch nur in Gedanken!

Guten Appetit!

Ratatouille

Zutaten: 3 Zucchinis
2 Auberginen
2 Karotten
2 Paprikaschoten
2 Zwiebeln
1 Dose ganze geschälte Tomaten
4 EL Olivenöl
Salz, Pfeffer, Muskat, Chili
Thymian, Estragon
1 - 2 Knoblauchzehen

Zubereitung:

Die Zucchinis halbieren, falls notwendig, die großen Kerne entfernen. In 1 cm dicke Scheiben schneiden.

Die Auberginen schälen und würfeln.

Paprika vierteln, entkernen und in feine Streifen schneiden. Zwiebel halbieren und ebenfalls in feine Streifen schneiden.

Karotten schälen bzw. abschaben und in feine Scheiben schneiden.

Öl in einem großen Topf erhitzen, das Gemüse hinzufügen, alles gut verrühren und kurz anbraten lassen.

Mit Salz, Pfeffer , Muskat, Estragon und Thymian würzen und Knoblauch, in feine Scheiben geschnitten, je nach Geschmack dazugeben.

Ca. 1/4l Wasser dazugeben.

Zugedeckt bei geringer Hitze 20 Minuten schmoren lassen, bei Bedarf immer wieder etwas Wasser nachfüllen.

Mit frischem Baguette und eventuell einem Klecks Crême frâiche servieren.

Bon appétit!

Quiches Lorraines

Zutaten: **Für den Teig:**
175g Mehl
100g Butter
¼ Tasse Wasser
1 Prise Salz

Für die Füllung:
2 gewürfelte Zwiebeln
50g Räucherspeck
1/8 Liter Milch
2 Eier
100g Emmentaler Käse
1 Bund Schnittlauch
Salz, Paprikapulver, Kümmel

Zubereitung:

Das gesiebte Mehl mit der geschmeidigen Butter, dem Wasser und dem Salz zu einem Mürbeteig verarbeiten, in Folie wickeln und im Kühlschrank 1 Stunde kalt stellen.
Für die Füllung braten Sie zuerst den kleingeschnittenen Speck an und lassen darin die Zwiebeln goldgelb andünsten.

In der Zwischenzeit den Käse in kleine Würfel schneiden.

Die Milch, die Eier, die Gewürze und den feingewürfelten Käse verrühren und den Speck und die Zwiebeln untermischen.

Den Teig dünn ausrollen und eine Quiche-Kuchenform (oder Springform) damit auslegen.

Den Boden mehrmals mit der Gabel einstechen, die Zwiebel-Käse-Masse einfüllen.

Danach im vorgeheizten Backofen bei 200 Grad ca. 20 Minuten backen.

Mit in Röllchen geschnittenem Schnittlauch bestreuen und heiß servieren.

Dazu passt ein grüner Salat mit einer Vinaigrette

Kartoffelchips mit Guacamole

Zutaten: Für die Chips:

4 große Kartoffeln
2 TL Salz
2 TL Paprikapulver
2 EL Olivenöl

Für die Guacamole:

2 reife Avocados
150 g saure Sahne oder Crême frâiche
Saft einer Zitrone
Salz
Pfeffer
Chili

Zubereitung:

Die Kartoffeln schälen und in dünne Scheiben schneiden (ca. 2mm).

Ein Backblech mit dem Olivenöl bestreichen und die Kartoffelscheiben darauf geben, diese mit Salz und Paprikapulver würzen und alles bei 160°C für ca. 25 Minuten auf der mittleren Schiene backen lassen.

Die Avocados halbieren, die Steine entfernen und mit einem Löffel das Fruchtfleisch aus der Schale lösen und in eine Schüssel geben.

Das Fruchtfleisch mit einer Gabel zerdrücken und sofort

mit dem Zitronensaft beträufeln.

Anschliessend das Avocadofruchtfleisch mit saurer Sahne oder Crême frâiche verrühren und mit Salz, Pfeffer und Chili würzen.

Die Kartoffelchips gemeinsam mit der Avocadocreme geniessen.

Tapenade

Zutaten: 150g schwarze Oliven
2 Esslöffel Kapern
½ Dose Thunfisch in Olivenöl
3 Anchovisfilets
1 Esslöffel Zitrone
6 Esslöffel Olivenöl
1 Teelöffel getrocknete Kräuter
  (Thymian, Oregano, Estragon, Rosmarin)
Salz
Pfeffer

Zubereitung:

Oliven und Kapern abtropfen lassen, Oliven entsteinen und beides in einen Mixer geben.

Den Thunfisch ebenfalls abtropfen lassen und mit den Anchovisfilets sowie dem Zitronensaft ebenfalls in den Mixer geben.

Olivenöl vorsichtig untermixen bis die Tapenade fertig ist, anschließend noch mit Salz, Pfeffer und den Kräutern abschmecken und nochmals kurz durchmixen.

Mindestens 2 Stunden durchziehen lassen.

Passt hervorragend zu geröstetem Brot oder Kartoffeln

Schwarzwälder Kirschtorte

Zutaten: 100g Butter
100g Zucker
1 Päckchen Vanillinzucker
6 Eier
70g geschälte, fein geriebene Mandeln
100g geriebene halbbittere Schokolade
100g Mehl
100g Speisestärke
2 TL Backpulver
7 EL Kirschwasser
1/2l Sahne
750 g Sauerkirschen aus dem Glas
4 Esslöffel Speisstärke
1 Esslöffel Schokoladenstreusel

Zubereitung:

Weiche Butter mit Zucker und Vanillinzucker mit dem Rührbesen schaumig rühren, danach vorsichtig nach und nach die Eier, die Mandeln und die Schokolade hinzufügen.

Das Mehl mit der Speisestärke und dem Backpulver sieben und unterrühren.

Den Teig in eine mit Fett ausgestrichene Springform geben und im vorgeheizten Backofen bei 180° 30-40 Minuten backen.

Anschließend den Kuchen abkühlen lassen und danach
Kuchen zweimal waagrecht durchschneiden und 2 Böden mit je 2 Esslöffel Kirschwasser beträufeln.

Die Sahne mit etwas Zucker steif schlagen und die Kirschen abtropfen lassen, dabei den Saft auffangen.

4 Esslöffel Speisestärke mit 4 Esslöffeln Kirschsaft verrühren, den restlichen Kirschsaft erhitzen. Anschließend mit der angerührten Speisestärke abbinden.

Einige Kirschen für die Dekoration zur Seite legen, die restlichen Kirschen in den erhitzten Saft geben, ebenso 3 Esslöffel Kirschwasser. Abkühlen lassen.

Die erkaltete Kirschmasse auf einem mit Kirschwasser getränkten Boden verteilen und ¼ der geschlagenen Sahne darüber geben. Den zweiten getränkten Boden oben auflegen und die restliche Kirschmasse darauf verteilen. Den dritten Boden als Abschluß oben auflegen und die restliche Sahne, eine kleine Menge für die Dekorosetten behalten, oben und an den Seiten verteilen. Die Schokostreusel an der Seite der Torte anstreuen.

Auf die Torte mit einem Spritzbeutel die restliche Sahne in Rosetten aufspritzen und mit je einer Kirsche verzieren.

Ofenschlupfer

Zutaten: 5 Brötchen vom Vortag
3/4l Milch
1/8l Schlagsahne
5 Eier
50g Zucker
3 Äpfel
100g Walnüsse
50g Butter
Zusätzlich Butter für die Form

Zubereitung:

Die Brötchen in Scheiben schneiden und in eine Schüssel legen.

Die Milch mit Sahne, Eiern und der Hälfte des Zuckers verquirlen und gleichmäßig über die Brötchen gießen.

Die Äpfel waschen, schälen und in Scheiben schneiden.

Auflaufform mit Butter einfetten und den Boden der Form mit Brötchen auslegen, darauf eine Schicht Apfelscheiben legen.

Jeweils eine Schicht Brötchen und eine Schicht Äpfel einfüllen bis alles aufgebraucht ist. Die letzte Schicht besteht aus Brötchen.

Zum Abschluß die Butter in Flocken auf der oberen Brötchenschicht verteilen.

Den Backofen auf 180°C vorheizen und den Auflauf auf der mittleren Schiene ca.45 Minuten backen.

Abschließend noch mit dem restlichen Zucker bestreuen.

Zum guten Schluss

Am Ende könnte fast der Eindruck entstehen, dass diese Familie nur mit streiten beschäftigt ist, aber ich kann Sie beruhigen, dies waren nur Momentaufnahmen aus einem ganz normalen Familienalltag, wie er in jeder Familie stattfinden könnte.

Die Zeiten der allgemeinen Eintracht und Harmonie bedürfen jedoch nur des Geniessens und nicht meiner Hilfe, deshalb sind diese in diesem Buch zu kurz gekommen. Meine Hilfe sollte nur dazu beitragen, dass diese harmonischen Phasen nicht all zu lange und all zu oft unterbrochen werden.

Faires Streiten ist wie Kochen:

Am Anfang sehr holprig und nur mit viel Mitdenken und Überlegen machbar, manches Rezept scheint einen anfänglich zu überfordern. Aber im Lauf der Zeit stellt sich durch viel Übung die erforderliche Routine ein und dann geht es fast wie von alleine. Immer seltener benötigen Sie die Rezeptsammlungen und zwar weder zum Kochen noch zum Streiten.
Die Rezepte werden kreativ bearbeitet, auf den jeweiligen Kontext zugeschnitten und die Experimentierfreude wird angeregt.

Aber die Grundlagen der Rezepte sollten Sie dabei nicht aus den Augen lassen, damit es nicht zu unerwünschten Überraschungen kommt.

Ich wünsche gutes Gelingen bei der Umsetzung!

Berlin, im Mai 2014

Evelyn Froitzheim

Danksagung

Zu Beginn gab es nur die Idee zwei eigentlich vollkommen verschiedene Dinge unter einen Hut zu bekommen. Aber je länger ich mich mit dem Gedanken beschäftigte um so konkreter wurde der unübersehbare Zusammenhang.

Viele liebe Menschen aus meinem privaten sowie beruflichen Umfeld unterstützten mich mit Zuspruch und konstruktiver Kritik bei diesem Projekt, allen ein herzliches Dankeschön!

Ein besonderer Dank geht an Mareike, die das Cover entworfen hat, sowie an Lars, der gemeinsam mit Mareike Korrektur gelesen hat.

Mein Dank geht auch an die beiden Gründerinnen von „Meine Ernte", Natalie Kirchbaumer und Wanda Ganders, die mit ihrer genialen Idee vom „Mietacker" meinen Speiseplan fantastisch bereichert und meine Gärtnerkenntnisse deutlich ausgebaut haben.

Zuletzt geht noch ein großes Dankeschön an meine liebe Freundin Christine, von der ich mir viele tolle Kochkniffe abgeschaut habe bei unseren gemeinsamen Kochevents an den Schulen unserer Kinder.

Rezepte in alphabetischer Reihenfolge
(Mengenangaben für 4 Personen, falls nicht anders vermerkt)

Apfelkuchen mit Walnüssen	104
Börek	75
Borschtsch	100
Cookies	80
Gemüse-Wok	73
Hähnchen mit Spinatkruste	95
Käse-Wurst-Salat	57
Käsegebäck	100
Käs'spätzle	49
Kaiserschmarren	33
Karottentorte	34
Kartoffelchips mit Guacamole	126
Kartoffelsuppe	25
Kürbis-Kokos-Suppe	97
Maultaschen	54
Ofenschlupfer	131
Quiche Lorraine	124
Ratatouille	122
Rucola-Pesto	78
Salbeinudeln	99
Schwarzwälder Kirsch Torte	129
Schweinebraten	29
Schweinefilet im Blätterteig	27
Semmelknödel	31
Tafelspitz	26
Tapenade	128
Vegetarisches Fladenbrot	77
Zucchinikuchen	81
Zwiebelkuchen	52
Zwiebelrostbraten	51
Zwiebelsuppe	56